한국 현대무용사 100년, 피어나다

한국 현대무용사 100년, 피어나다

한국 현대무용의 역사와 흐름

초판 1쇄 인쇄일 2025년 1월 24일
초판 1쇄 발행일 2025년 1월 30일

지은이 손관중 이찬주
펴낸이 양옥매
디자인 송다희 표지혜
교　정 조준경
마케팅 송용호

펴낸곳 도서출판 책과나무
출판등록 제2012-000376
주소 서울특별시 마포구 방울내로 79 이노빌딩 302호
대표전화 02.372.1537　**팩스** 02.372.1538
이메일 booknamu2007@naver.com
홈페이지 www.booknamu.com
ISBN 979-11-6752-584-0 (03680)

한국 현대무용사 100년, 피어나다

한국 현대무용의 역사와 흐름

손관중 · 이찬주 지음

100 Years of Korean Modern Dance
: A Flourishing Evolution

추천의 글

현대무용의 길을 묻다

현대무용은 어떤 의미로 태동되었을까? 그것이 예술계 혹은 무용 예술에 어떤 영향을 끼쳤을까를 생각해 보면 하나의 답만 떠오른다. 인간은 나서부터 춤 · 움직임을 시작했다. 현대무용은 인간 그 자체와 함께 태동하고 발전하고 진화해 왔다고 할 수 있다. 사실 이 개념은 매우 넓은 의미의 '현대' 무용이다. 그렇다면 우리가 오늘날 말하는 현대무용은 어떤 것인가?

1800년대 말에서부터 1900년 초, 즉 19세기 말에서 20세기 초에 걸쳐 우리 사회에는 특히 예술 사조 · 사상에는 새로운 물결이 많이 일었다. 지금 우리가 말하고 있는 현대무용도 그 물결 중 하나였다. 정신 · 사상적으로 또 신체적으로 많이 변화 · 진화된 때문일까, 현대무용은 확연한 새로움으로 드러났다. 그렇다면 서구에서 시작된 현대무용 운동의 물결은 한국에서 또 어떤 모습으로 성장했을까?

이번에 출간된 『한국 현대무용사 100년, 피어나다』가 지니는 역사적 의미가 무겁게 다가온다. 책 속에서는 일반적 역사 흐름을 연구하고 있는데, 특히 한국 현대무용계의 계보를 연구한 것이 시선을 끈다. 이미 내용 면에서 다양한 깊이의 방대한 내용이 수록되어 있음에 현대무용에 대한 나의 생각을 피력해 보고자 한다.

현대무용이 우리나라에 크게 영향을 미친 것은 세계의 현대주의적 흐름에 따라

독일과 미국을 중심으로 그리고 일본을 통해서다. 특히 해방 후 사회구조의 급격한 변모 이후 대두된 자유주의적 풍조로 빠르게 발전 · 변화해 나갔다.

독일의 마리 뷔그만(Mary Wigman, 1886~1959), 미국의 마사그레이엄(Martha Graham, 1894~1991) 그리고 일본의 부토와 현대무용가 이시이 바쿠(石井漠, 1887~1962), 세 무용가가 거의 동시대를 살아가면서 큰 줄기로 한국의 무용에 영향을 끼친다.

뷔그만은 나의 젊은 시절 숭배의 대상이었다. 그래서 "마리 뷔그만을 사랑하는 모임"을 결성하였고 독일문화원의 도움을 받아 한국에서는 구하기 힘든 뷔그만 시대의 춤 영상을 함께 보는 시간도 가지곤 했었다. 그레이엄의 테크닉은 이화여대에서 박외선, 육완순 두 선생님을 통해서 접했었다. 그리고 일본 스타일의 창작무용을 배워 오신 그 당시 김상규, 정막 선생님 등으로부터 일본적 '현대춤'을 얻었다.

나는 '나의 현대무용'을 주장하면서 한국적 현대무용을 생각하고 스케치하고 채색하고 춤을 추어 왔다. 내가 추구해 온 한국적 현대무용은 현대무용의 태동에서부터 강조되어야 하는 현상, 즉 다양성 그 자체였다. 이를 통해 현대무용의 새로운 세계에 대한 의미를 찾고자 했다. 그런 생각과 사고에 의해 오늘날의 무척 다양한 모습과 의미를 가진 현대무용으로 발전 · 확장 · 변형되어 왔다.

그리고 젊은 무용가들이 테마가 없는 춤, 감정이 없는 춤, 농댄스, 즉흥춤 등 새로운 흐름을 추구하면서 오늘날 현대무용은 다양한 모습으로 변화되어 왔다. 현대무용의 다양한 흐름에 대해서는 이 책의 7장에서 다문화 시대의 춤, 대중춤을 논하고 있다. 그런 의미에서 현대무용의 표현 영역은 무한하다고 생각된다.

이즈음 TV 프로그램 《스테이지 파이터》를 보면서 나는 이런 생각을 했다. "나오는 무용수들이 참 훌륭한 춤 인재들이다. 분명 이런 시도는 현대무용의 확장 선

상에서 매우 좋은 의도이자 노력이다. 그렇지만 그들이 보여 주는 춤은 너무 대중성에 치중하지 않았는가? 예술의 순수성을 어디에서 찾아야 할까?" 그럼에도 이 또한 현대무용의 다양한 흐름이지 않을까 생각한다.

그런 점에서 현대무용을 인간에 비유하자면, '가슴이 큰 사람'이라고 할 수 있다. 왜냐하면 "어떤 스타일이든지 수용할 수 있는" 무용이기 때문이다.

한양대학교에서 30년 가까이 많은 제자를 키워 온 무용가 손관중 교수가 실제로 경험한 무대 위의 무용수로서 그가 연구한 모든 자료들을 방대하게 이 책을 위해 정리하였고, 이찬주 선생은 꾸준히 이론 연구를 해 오면서 많은 서적과 글들을 남긴 인재이다. 손관중, 이찬주 두 분 무용가/연구가가 공동 집필한 이 책은 한국 현대무용의 역사적 흐름에 대한 소중한 자료가 될 것이다. 나의 후배들, 차세대 무용수들에게 이 책을 읽으면서 현대무용의 길을 물으라 권하고 싶다.

그간의 연구를 집대성하여 한 권의 책으로 엮어 낸 손관중, 이찬주 두 분의 노고에 진심으로 찬사를 보낸다.

전)한국무용협회 이사장 / 한양대학교 명예교수 **김복희**

들어가는 글

현대무용이 한국의 첫선을 보인 지 100년이 되어 간다. 이 시점에서 한국 현대무용의 역사에 대한 기록을 이론서로 정리해야 할 필요성을 느껴 이 책을 집필하게 되었다. 이를 위해 책의 구성은 크게 한국 현대무용의 역사와 계보, 흐름의 세 가지 맥락으로 나누었다.

먼저, 1900년대 초 근대 서구에 출현한 현대무용(Modern Dance)이 일본인 무용가를 거쳐 한국에 서서히 유입된 경로를 살펴보았다. 한국에 현대무용을 정착시키는 데 주도적인 역할을 한 인물들이 있었고, 이들은 춤의 새로운 형식의 추구는 예술적인 충족감을 발견해 내는 첫걸음이었다. 한국 춤의 형성에 이러한 춤의 수용은 창작무용의 시대를 예고했으며 극장무용의 활성화를 유도해 냈다.

그 후 1960년대 대학의 무용학과가 생겨나면서 현대무용이라는 개념을 받아들이며 아카데미를 중심으로 성장해 나갔다. 그 아카데믹한 발전의 태동은 육완순으로부터 비롯되었다. 그녀의 제자들이 여러 대학에서 후진을 양성하면서 서구 현대무용이 한국에 이식되기 시작하였고 한국적 현대무용을 형성하는 데 많은 공헌을 하였다. 또한 대학 무용학과 개설은 춤의 잘못된 편견을 저지하는 효과뿐만 아니라 근본적으로 전문 춤꾼을 양성하고 배출하는 시작점이 되기도 하였다.

두 번째, 교육 현장에서 한국 현대무용의 계보를 찾아보기 힘든 상태이다. 이에

역사적 가치로서 제시하게 되었다. 한국의 현대무용인들은 대학을 중심으로 성장하였기에 그에 따라 한국 현대무용 계보는 출신 대학을 중심으로 그려 나갔다. 다만, 대학을 떠나 개인적으로 스승과 제자 관계를 맺고 있는 경우가 많은데, 그것은 개별 인물의 활동으로 남겨 두기로 한다. 작성된 계보에 나타나는 한국 현대무용인들은 250명가량으로 저마다 주목할 활동을 보여 주었고 현재 활동하는 40대 이상의 인물들까지 포함시켰다. 이들을 한눈에 볼 수 있게 한데 모으는 것은 의미 있는 일이었다. 한국 현대무용의 뿌리를 살펴보는 중요한 작업이기도 하다.

마지막으로 현대무용의 나타난 흐름은 외적 경향으로 현시대를 살아가는 우리가 경험하고 이해하는 공간에 드러나는 현대무용과 대중이 만나 적극적으로 교감하는 작업인 사이트-스페시픽 댄스와 콜라보레이션, 그리고 치유적 기능을 하는 커뮤니티 댄스를 다뤘다. 이는 관객 참여로서의 예술로 이 과정이 공동체를 형성하고 함께 속해 있는 사회에서 반영되고 있음을 알 수 있다. 더불어 상처받은 인간이 예술을 통해 정신과 정서의 힐링을 가능케 함으로써 무용이 지니는 치유적 가치와 기능을 들여다보는 의미가 있다.

끝으로 다문화 시대의 현대무용의 창작에서 타 문화의 이해와 융합은 세계화를 지향하는 창작 활동의 수행으로 보았으며, 예술춤과 대중춤의 경계를 살펴보는 가운데 서로 조합하고 변형하고 있으며, 그것이 빠른 속도로 전파되고 교류하고 있다는 사실도 알아본다. 춤은 어떤 방향으로든 진화하며 단순히 즐길 수 있는 요소가 있을 뿐 아니라 사회를 반영하기도 하고 육체적인 활동을 추적하며 다면적 사고로서의 힘을 이야기한다.

이 책이 나오기까지 많은 분들이 도움을 주셨다. 바쁜 가운데 흔쾌히 인터뷰에 응해 준 현대무용인들과 무용 관계자 여러분, 이진숙 여류조각가, 김주현(재(再)

삽화) 님께 고마움을 전한다. 그리고 부족한 원고를 받아 준 책과나무 출판사와 추천사를 써 주신 김복희 교수님께 감사드린다.

또한 사진 게재를 허락해 주신 국립현대무용단, 대구광역시 문화예술아카이브, 대구시립미술관, LG아트센터, 현대무용진흥회, 국립무용단, 김수근문화재단, 사진작가 송인호, 구본창, 최영모, 옥상훈, 김찬복, 이재용, 한필름, 박상윤, 박귀섭, 장용근 등에 감사 인사를 드린다. 특히 오래된 공연 사진을 제공해 주신 무용 관계자들께 깊이 고마움을 전한다. 저자도 그 존재를 알지 못했던 귀중한 사진들이 이제라도 빛을 볼 수 있게 되어 기쁘다.

오랜 기간 동안 연구하고 또 발표했던 글과 새로운 글을 함께 엮었다. 오류를 최대한 바로잡으려고 했지만 여전히 미흡한 점이 있을 거라 여겨진다. 그렇다 해도 이 책이 한국 현대무용을 기억하고 기록하는 데 조금이나마 기여할 수 있기를 바라는 마음이다.

2025년 봄

손관중, 이찬주

Contents

Chapter 5.

현대무용의 외적 경향

Chapter 6.

현대무용의 치유적 기능

Chapter 7.

현대무용의 다양한 현상

부 록

Chapter 1.

현대무용의 출현

100 Years of Korean Modern Dance:
A Flourishing Evolution

춤이란, 동작을 포함한 움직임의 의미를 넘어 새로운 구상을 지닌 창조적 예술 형태이다. 예술 창조 과정에서 춤은 몸의 표현이 주된 예술로서 움직임을 통해 감정을 표현하는 방법을 시도하고 탐색해 왔다.[1] 19세기, 과거 발레가 지닌 정교한 테크닉을 거쳐 우리는 현대무용의 등장을 보게 된다. 실질적으로 춤의 새로운 형식을 추구하고 예술적인 충족감을 발견해 내기 위한 첫걸음이라고 할 수 있다.[2]

20세기 초 발레 예술의 억압적 규칙에 식상함을 느낀 이들은 이런 상황에서 스스로를 진정한 예술가로 자각하고 새로운 형식의 춤을 창조해 내기 위해 도전하기 시작한다. 대표적 인물로 이사도라 던컨, 로이 풀러, 루스 세인트 데니스, 마리 뷔그만, 마사그레이엄, 도리스 험프리 등이 있다.

1 현대무용 1세대

1) 맨발의 춤꾼, 이사도라 던컨

이사도라 던컨(Isadora Duncan, 1878~1927)은 춤의 근원으로서 모든 움직임의 자유로움을 내세우고 내면을 표현화함으로써 인간의 해방을 춤으로 보여 주고자 하였다. 자유로운 인간의 억압받지 않은 춤의 구현은 바람, 파도 등 자연 현상 속에서 움직임의 소재를 찾아내었고 자연스러운 실루엣과 조화를 이루었다.

또한 1870년대 하인리히 슐리만(Heinrich Schliemann, 1822~1890)이 트로이와 미케네의 유물을 발굴함에 따라 상상 속의 고대가 실제로 존재했었다는 사실이 알려지게 되었고, 이사도라 던컨은 발굴된 고대 유물들을 전시장에서 직접 관람하고 그것들로부터 독특한 인상을 받게 되었다.[3] 그녀는 기존의 발레 의상인 튀튀 대신 고대 그리스의 의복인 튜닉을 착용하고 맨발로 춤을 추었다. 이러한 그녀를 가리켜 사람들은 '맨발의 춤꾼 이사도라'라고 불렀다.

그녀가 춤에 끼친 영향은 먼저 클래식 튀튀의 상체를 조이는 코르셋 그리고 토슈즈로부터 춤꾼들을 해방시켰다는 점이다. 이를 통해서 여성 춤꾼들은 발레가 추구하는 '움직이지 않는 토르소'의 전형을 깨고 상체를 사용하는 움직임을 개발하게 되었다. 남성 춤꾼들 역시 여성 춤꾼의 보조 역할에서 벗어나 독자적인 춤을

▲ 이사도라던컨-런던빅토리아&앨버트박물관 ⓒ이찬주

▲ 세명의 던컨의 춤꾼들-Liesel, Trina and Marot(1920)

추게 되었다. 자유롭고 초자연적인 몸의 언어를 통해 아름다운 추상적 표현을 전개하게 된 움직임은 그녀의 공헌이었다. 그녀는 단순화시킨 무대장치와 의상으로 그동안 무대화된 스펙터클한 발레와는 크게 대치되는 강렬한 인상을 남겼다.[4]

음악에 있어서도 그녀는 춤 반주곡이 아닌 베토벤, 모차르트 등 거장들이 작곡한 연주회용 음악을 사용해 비판을 사기도 하였다. 그러나 이는 이후의 춤꾼들에게 다양한 음악을 사용할 수 있게 하는 계기가 되었고, 이에 많은 춤꾼들이 훌륭한 음악에서 많은 영감을 얻게 되었다. 그녀의 공연은 미셸 포킨(Mikchel Fokine)이 안무한 〈빈사의 백조(The Dying Swan)〉(1905) 등 상체를 많이 움직이는 모던발

레에도 영향을 미쳤다. 속박의 관습에서 벗어나 여성 춤의 자유성을 부여하며 선도적인 역할을 한 그녀는 미국에서 태어나고 자랐으나 미국을 넘어 유럽과 러시아 등에서 춤을 추었다.[5]

이사도라 던컨이 죽은 뒤에도 그녀가 러시아에서 활동했을 때 보여 준 춤 형식은 10년 이상 전해졌으며 '예술 짐네스틱스'나 '던컨 형식'[6]으로 불렸다. 또한 1914년 프랑스를 시작으로 유럽권에 세운 무용학교로 퍼져 나간 제자들을 언론은 '이사도러블스(The Isadorables)'라고 불렀고 그 제자들에 의해 그녀의 춤은 전 세계로 뻗어 나갔다.

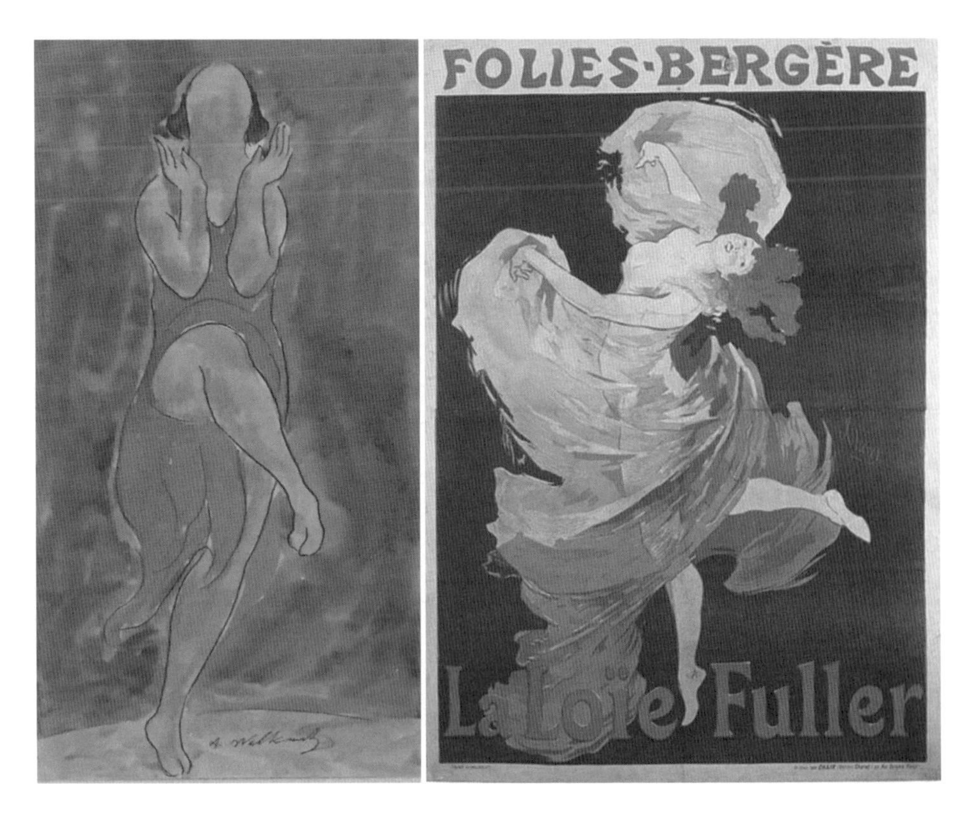

◂ 아브라함워크위츠-이사도라 던컨(1910)뉴욕휘트니미술관 ⓒ이찬주
▸ 쥘세레(Jules chéret)-폴리베르제르극장의 로이풀러 (1893)

2) 빛의 마술사, 로이 풀러

현대무용에서 선구적인 또 다른 인물로 로이 풀러(Loïe Fuller, 1862~1928)가 자리한다. 그녀는 당시에 실용화되던 전기 조명, 환등기, 채색 셀룰로이드를 사용해 실험 무대를 끊임없이 만들었다. 여러 조명 장치를 사용해 자신이 휘두르는

▲ 로이풀러-나비 (Miss Loïe Fuller-Souvenir des Folies Bergère) (1892)폴리베르제르극장

치맛자락과 어우러져 흔히 그녀는 '빛의 마술사'로 불렸다. 또한 여러 장의 거울을 특수하게 배열하는 것을 고안하여 특허를 따냈고 천에 들이는 염료를 손수 조제하였다. 그녀는 주로 밑에서 위로 투사된 조명을 받은 불투명 유리창 위에서 춤을 추는 모습을 남겼다.[7] 이것은 〈불의 춤(Fire Dance)〉(1895)에서도 사용되었는데, 화가 쥘 세레(Jules Chéret)는 그녀의 춤의 특징을 폴리베르제르극장 포스터로 옮기기도 하였다.[8]

그녀는 라듐을 발견한 퀴리 부부의 작업실 일부를 무대에 재현하며 무대를 전기빛의 바다로 만든 〈라듐 댄스(The Radium Dance)〉(1904)를 보여 주기도 하였다. 그녀는 신체의 움직임과 빛의 조명의 결합을 통해 움직임의 완성을 이루고자 하였다. 이러한 작업은 그녀가 단순한 춤 예술가에 머무는 것이 아니라 춤에 그 시대의 정신과 과학을 반영한 점에서 의미를 지닌다. 이처럼 시각적인 극적 효과는 파리의 청중들로부터 아름답고 볼거리가 많아 사랑받았다.[9]

'라 로이(La Loie)'로 불리기도 한 로이 풀러의 대표작으로 〈뱀의 춤(The Serpentine dance)〉, 〈보랏빛(The Violet)〉, 〈나비(The Butterfly)〉, 〈백색 춤(The White dance)〉 등이 있다.

3) 루스 세인트 데니스, 춤의 지평을 넓히다

이사도라 던컨과 로이 풀러가 미국인이면서 주로 유럽에서 활동했다면, 루스 세인트 데니스(Ruth Saint Denis, 1877~1968)는 자국에서 활동하며 또 다른 현대춤의 길을 제시한 인물이다. 동양적 전통과 세계관으로 우주의 신비를 표현하려 하였다. 그녀는 몸짓과 움직임을 분석하는 델사르트의 체계를 수련하였고 발레와

스페인 춤을 공부하며 전통적인 양식에 관심을 가졌다. 무대와 의상에 대한 뛰어난 감각을 지닌 그녀의 춤에 관객들은 열광하였고 상업적으로도 성공한다. 1906년 유럽으로 진출한 그녀는 많은 예술가들과 지식인들로부터 찬사를 받게 된다. 그 가운데 인도를 소재로 한 〈인도 무희의 춤(The Nautch)〉(1908)은 손과 팔, 머리의 움직임을 담아낸 춤이다.

데니스는 이집트 여신 상표의 담배 광고 〈Egyptian Deities〉에 게재된 여신의

◀ 라다의 원주민 힌두교도들과 함께 있는 루스 세인트 데니스. St Denis with native Hindus in Radha(1908) ⓒNYPL DigitalCollections

▶ 세인트데니스-라다 (1908) ⓒNYPL Digital Collections

이미지를 춤의 소재로 사용하기도 했는데, 신비스런 동양을 탐험하도록 자극한 〈이집타(Egypta)〉로 화신(化神)을 만들었다. 더불어 데니스는 인도의 통치하의 힌두의 처녀를 관능적으로 묘사하며 〈라다(Radha)〉(1906)를 만들었고, 특히 나긋나긋한 팔놀림으로 유명했던 〈향기(The Incense)〉(1906)와 돌진하는 뱀의 모습을 팔로 표현한 〈코브라〉 등은 관객들에게 이국적 작품으로 기억되었다. 이후에는 1914년 남편 테드 숀(Ted Shawn, 1891~1973)과 함께 무용학교를 세워 현대무용의 보급 활동을 전개하였다.

'데니숀 무용학교(Denishawn School of Dancing and Related Arts)'는 미국 현대무용의 요람으로서 많은 학생을 훈련시키고 2015년 데니숀 무용단을 설립하여 미국 전역에서 수없이 많은 공연을 추진하게 된다. 이것은 현대무용의 춤꾼과 안무가들의 저변 확장을 의미하는 것이기도 하다. 데니숀의 교과과정은 매우 광범위하여 민속춤과 동양춤을 포함하였고, 후에는 춤 역사와 철학을 보강하였다. 데니스는 이전의 동양적 춤을 고수하였으며, 테드 숀(Ted Shawn)은 톨텍테마를 사용한 인디언의 문화를 춤의 소재로 삼기도 하였다.

▲ 테드숀-인디언톨텍테마와 춤의 결합 ©W. Langdon kihn 김주현((再)

1931년 그들 부부의 이혼으로 인해 데니숀무용단의 활동은 마감하였다. 이후에 데니스는 이집트의 춤과 인도 춤의 영향으로 춤과 종교의 만남에 더욱 열중하였고 1933년에서 1940년 사이에

◀ 테드숀-산을 넘은 자 그리 아름다운지 (How beautiful up on the Mountain) ©John Lindquit

테드 숀은 '테드 숀과 남성 춤꾼들'을 만들어 파워풀한 남성 위주의 춤을 신보였다. 작품으로는 농사 작업을 안무화한 〈사탕수수 자르기(Cutting the Sugar Cane)〉(1933)와 춤과 노동을 접목한 〈중부 유럽 노동자의 노래(Worker's Songs of Middle Europe)〉, 〈노동 교향악(Labor Symphony)〉(1934), 〈운동예술의 몰파이(Kinetic Molpai)〉(1935) 등이 있다.

▲ 테드숀-운동예술의 몰파이(1935)

보다 다양하고 새롭게 춤의 지평을 넓힌 데니스와 테드 숀의 작업은 그 후에 마사 그레이엄과 도리스 험프리가 세운 새로운 현대무용 전통의 원류라고 할 수 있다. 비록 예술가들의 비판적인 지적이 있었지만, 그들의 작업으로 인해 오늘날 미국 현대무용의 역사적 활동의 많은 부분이 남아 있게 되었다. 데니숀 무용학교

▲ Martha Graham ©Charlotte Trowbridge 김주현((再)

가 역사적으로 갖는 중요한 의미는 춤꾼들에게 광범위하고 다양한 양식을 받아들이게 했다는 점이다. 또한 이국적이고 다소 무절제한 미적 세계를 제공하는가 하면 지속적으로 전문적인 공연을 무용인들과 관객들에게 접하게 했다는 점도 꼽을 수 있다.

1930년대 초 데니스와 테드 숀의 이혼으로 데니숀 무용학교가 없어지면서 미국 현대무용은 다음 세대의 춤꾼들에게 자연스레 옮겨졌다. 춤단체 출신인 마사 그레이엄과, 도리스 험프리 그리고 와이드만(Charis Weidman, 1901~1975) 등이 두각을 나타내며 다음 세대를 이어 갈 무용수들의 훈련에 앞장섰고, 그들의 공연 경험은 미국 춤에 큰 흔적을 남기게 된다.

4) 표현주의 무용의 대표 주자, 마리 뷔그만

한편, 독일에서도 현대무용의 움직임이 일어났다. 마리 뷔그만(Mary Wigman, 1886~1959)은 독특한 스타일로 현대무용의 수준을 예술적으로 끌어올렸다. 마리 뷔그만은 억압된 표현주의 춤으로 극장에서나 실생활에서나 다루기 어려운 소

◀ 마리 뷔그만 -마녀의 춤 (1914)

재인 인간의 어두운 측면을 주로 다루었는데, 주요 작품으로 〈밤의 춤(Tänze der Nacht)〉(1924), 〈묘비(Das Totenmal)〉(1930) 등이 있다.

현대무용가 마리 뷔그만은 '음악이 없는 춤', 즉 무음악 무용을 추구했는데, 북과 같은 타악기만을 사용하거나 아니면 전혀 음악 없이 춤을 추기도 했다. 또한 '다이내믹한 움직임'의 춤을 추구하면서 무서사와 무음악이 전개되는 새로운 활동

▲ 한냐홈 -비극적인 탈출Tragic Exodus (1940)

을 시작했다. 뷔그만의 초기 작품은 대부분 긴장된 분위기로 어두웠다. 대표적으로 〈마녀의 춤(Witch Dance)〉(1914), 〈죽음의 춤(Dance of Death)〉(1921), 〈인생의 일곱 가지 춤(The Seven Dance of Life)〉(1921), 〈마녀의 춤 Ⅱ(Witch Dance)〉(1926)을 꼽을 수 있다.

마리 뷔그만의 춤은 현대무용의 출발과 발전에 가장 큰 영향을 준 춤으로, 제1

▲ 쿠르트요스-The Green Table(1935) ⓒ브리테니카

차 세계대전 이후 독일의 정치 · 경제 · 사회 · 문화적 어려운 상황 속에서도 당시 예술 조류인 표현주의에 공감하고 이를 수용하였다. 마리 뷔그만의 표현주의 춤은 움직임을 특히 강조하며 그로테스크한 부분까지 수용함으로써 표현의 자유로움과 주제 선택의 변화를 가져왔다.

독일의 표현주의 무용의 대표 주자 마리 뷔그만은 후에 일본 무용시의 창시자

인 이시이 바쿠에게 새로운 춤의 세계를 제시하기도 하였다. 마리 뷔그만에서 시작된 표현주의 춤은 이후 한냐 홈(Hanya Holm, 1893~1992)을 통해 미국으로 옮겨졌고, 독일에서는 피나 바우쉬(Pina Bausch, 1940~2009)와 수잔 링케(Susanne Linke, 1944~)를 통해 현재까지 이어져 오고 있다.

또한 동일한 분위기와 경험을 전혀 다른 방식으로 표현하여, 마리 뷔그만과 대조를 이루는 무용가가 있다. 체코 출신 독일 무용가 하랄트 크로이츠베르크(Harald Kreutzberg, 1902~1968)이다. 춤과 마임을 연결한 크로이츠베르크는 춤에 발레 기법을 활용하며 마임 기법을 사용한 쿠르트 요스(Kurt Jooss, 1901~1979)와 가깝게 관련시킬 수 있다.[10]

앞서 언급한 이사도라 던컨, 로이 풀러, 루스 세인트 데니스를 현대무용 1세대라고 할 수 있다. 미국 현대무용이 춤을 추기 위한 형식의 측면을 지배했다면, 독일 현대무용은 동작 형식보다 춤 자체를 중요시했다는 차이를 보인다.

2 현대무용 2세대

◂ 도리스험프리(1935) ⓒBlechman, Marcus NYPL Digital Collections

▸ 도리스험프리-뉴댄스 (1920-1929) ⓒLevy, Mimi NYPL Digital Collections

현대무용 2세대로 언급되는 마사 그레이엄(Martha Graham, 1894~1991)과 도리스 험프리(Doris Humphrey, 1895~1958)는 각자 움직임의 근본 원리를 모색하였다.

◀ 도리스험프리와 찰스와이드만(1928-30) ©NYPL Digital Collections

▶ 도리스 험프리- Theatre Piece(1936) © Bouchard, Thomas NYPL Digital Collections

마사 그레이엄의 '수축과 이완(contraction and release)' 기법은 들숨과 날숨에 따라 몸통의 움직임을 더 자유롭게 허용하는 것인데, 중력과의 싸움으로 그 움직임의 효과는 더 커졌다.[11] 도리스 험프리의 '낙하와 회복(fall and recovery)' 기법은 모든 움직임을 불균형에서 균형을 찾아가는 과정에 있는 것으로 파악하여 떨어지는 것에서 회복으로 향하는 그 순간에 움직임이 존재한다고 보았다.

중력과의 관계를 살펴볼 때 그레이엄이 지표면에서 떨어지지 않고 쿵쿵거리며 바닥을 치는 스텝을 사용한 반면, 도리스 험프리는 지표면을 가볍게 스치고 지나

◀ 마사 그레이엄-사티로스축제의 노래 Satyric Festival Song(1932) ⓒ사진작가미상

▶ 마사그레이엄-원시의 신비Primitive Mysteries(1931)ⓒ바바라 모건

가는 스텝을 사용한다. 마사 그레이엄이 개인적인 움직임 스타일로 현대무용을 만들며 관객들로부터 인기를 얻었던 것에 비해, 도리스 험프리는 혁신적 사상들을 반영하는 실용적인 움직임의 어휘를 개발하며 안무 능력을 인정받았다.

마사 그레이엄의 대표작으로는 〈애팔래치아의 봄(Appalachian Spring)〉(1944), 〈마음의 동굴(Cave of the Heart)〉(1946), 〈클리템네스트라(Clytemnestra)〉(1958) 등이 있다. 도리스 험프리의 안무 이론에 관한 저서 『춤 창작 기법(The Art of Making Dances)』(1958)은 현재까지 훌륭한 안무법 중 하나로 평가받고 있다. 대

◀ 마사그레이엄-미로속의 심부름Errand into the Maze(1947) [안소영,Lorenzo Pagano] 무대세트 이사무노구치 ©Dragan Perkovski

▶ 마사그레이엄-궁지에 몰린 정원 Embattled Garden(1958) [안소영, Lloyd Mayor] © Melissa Sherwood

표작으로는 〈물의 연구(Water Study)〉(1928), 〈벌의 일생(Life of the Bee)〉(1929), 〈쉐이커 교도들(The Shakers)〉(1930), 〈두 개의 엑스타닉 테네스(Two Ecstaic Thenes)〉(1931) 등이 있다. 이들의 움직임 원리는 초기 현대무용의 움직임 탐색 작업에서 개인적 스타일을 구축하는 예로서 다양한 움직임에 대한 시각적 탄생이었다.

미국 태생의 이사도라 던컨이 유럽에서 현대무용이라는 새로운 춤 양식을 태동

◀ 마리뷔그만MaryWigman(1922) ⓒMerkelbach
▶ 이사도라던컨의 춤(1907) ⓒStock Exchange News

시킨 뒤, 미국과 독일은 그녀의 춤 철학과 스타일 추종자들의 주요 활동 무대가 되며 현대무용 발달의 중심지로 부상했다. 춤 예술가들은 다른 대안이 충분히 가능할 수 있음을 입증하였고, 앞에서 언급된 개혁자들은 새로운 춤 방향의 토대를 마련해 주었다.[12]

Chapter 2.

새로운 무용의 등장

100 Years of Korean Modern Dance:
A Flourishing Evolution

개항(1876년) 이후 근대 초기인 1900년대 초, 외래문화가 서서히 유입되기 시작하였고 새롭게 들어온 문화는 사회 전반에 걸쳐 영향을 끼쳤다. 공연예술에서는 근대식 무대가 만들어지고 이에 맞게 춤이 양식화되어 갔다. 1920년대 '신무용'이라는 용어가 등장했고 새로운 신체 표현방식과 무대 운영 방식으로 최승희 · 조택원은 스타가 되었다.[13]

신무용(新舞踊, New dance)은 근대 서구에 출현한 모던 댄스(Modern Dance)가 일본, 유럽, 러시아 등을 거쳐 한국에 유입되면서 만들어진 춤예술 장르이다.[14] 이는 당시(일제강점기) 조선에 퍼지기 시작한 신(New)문학, 신(New)극처럼 이른바 전통적인 것에 대한 새로운 춤의 개념을 의미한다. 신무용은 발레나 모던 댄스, 우크라이나의 호팍춤[15], 인도의 샤바춤 등 각국의 민속무용까지도 아우른다. 즉 전통춤이 아닌 모든 춤이 신무용의 범주에 포함되었다.

1 신무용 I

신무용은 여러 경로를 통해 한반도에 들어왔다. 1921년 4월 해삼위학생음악단(해삼위는 블라디보스토크)이 순회공연을 했다. 해삼위학생음악단은 단장 이강(李剛)을 포함하여 남자 일곱 명, 여자 네 명으로 구성되었다. 4월 24일 원산에 도착한 해삼위학생음악단은 경성, 평양, 황주, 개성, 인천, 대구, 부산, 마산, 경주, 전주, 광주, 목포 등 16개 지역을 순회하며 공연하였고 6월 8일 다시 원산에서 해삼위로 돌아갔다.[16] 특히 박시몬의 호팍춤(Hopak: 코사크족에게서 기원한 것으로 현재 우크라이나 민속춤)은 매 공연마다 마지막을 장식한 춤으로 관객들에게 사랑을 한 몸에 받았다.[17]

이듬해인 1922년 해삼위동포연예단[18]은 김동한을 주축으로 음악, 연극, 그리고 서양춤을 선보이며 인기를 끌었다. 김동한은 연해주 정부 현악대 감독이었으며 해삼위 동포연예단은 1925년까지 40회 이상 서양춤과 러시아와 주변의 민속춤을 소개했다.

이들 중 박시몬은 해삼위학생음악단의 이병삼, 해삼위동포연예단의 김동한과 더불어 해삼위에서 온 무도 3인방이다. 무도(舞蹈)는 서양의 사교춤을 일컫는 말로, 이들 무도 3인방은 1920년대 모두 무도학원을 열었다.[19] 무도 3인방인 박시몬과 이병삼, 김동한은 고국에 남아 민속춤, 사교춤 등을 가르쳤다.[20]

▲ 해삼위 동포연예단-남대문역에서 동아일보(1922.04)

김동한은 1923년 조선예술학원이라는 최초의 예술교육기관의 문을 연 인물이다.[21] 조선예술학원 수강생은 1백여 명에 이르렀고, 1925년 학원을 확장해 서대문(현재 충정로)에서 현재의 을지로로 옮기는 등 개관 이후 가장 번성한 시기를 보냈다.[22] 이 학원은 약 3년 동안 유지되었던 것으로 추정된다.

이병삼은 1924년 평양에서 평안도의 인가를 받아 사립무용교육기관인 '구미무

藝術學院의 舞踏音樂

륙월이일에개회

시내서대문정 이뎡목 칠번디에
잇는예술학원은 작년 팔월경에
로국피득(露國彼得)대학예술과
를우등의 성적으로 졸업하고귀
국한김동한(金東漢)씨외유지몃
사람의 발긔로 설립되여음악과
무도와연극을 가라치게 되얏다
함은 그당시일즉 보도한바어니
와그후 교황이 날로 왕성하야가

▲ 예술학원-김동한 동아일보(1923.06)

도학관(歐美舞蹈學館)'을 열었는데, 이는 무도만으로는 초유의 정식 강습소였다. 그는 또 이듬해인 1925년 서울의 낙원동에도 구미무도학관을 열었다.

◇海蔘威學生音樂會 해삼위 학생음악 회는 예뎡과
갓치 사일하오 팔시부터 종로청년회관에서 개최 하얏는대 만원
의성황을 이루엇스며 다수한 동정금도 잇섯더라 (사진은그날
밤회장의 광경)

▲ 해삼위 동포연예단 동아일보(1922.08)

2 신무용 Ⅱ

1) 세계적인 명성을 얻은 무용가, 최승희

또 다른 신무용의 중요한 기점은 일본 무용가 이시이 바쿠(石井漠, 1887~1962)의 공연이다. 이시이 바쿠는 1926년 3월 21부터 3월 30일까지 경성공회당에서 공연을 했는데, 이때 신문 보도에서 '신무용'이라는 용어가 등장했다.[23]

1930년대 후반 세계를 무대로 활동한 무용가 최승희(崔承喜, 1911~1969)는 서

▲ 이시이 바쿠 공연 조선일보(1939.09)

◂ 최승희-습작 창작무용공연회 동아일보(1930.03.31)

▸ 최승희일본공연소식(1933.12)

◂ 최승희-광상곡
동아일보(1931.01)

◇최승희양의 가극「파우스트」고대무용의 한포즈

◂ 최승희-파우스트
동아일보(1930.11)

▲ 최승희의 춤(2023) ⓒ이진숙(作)

울(경성)에서 태어나 우수한 학생으로서 숙명여학교를 조기 졸업(1926년 3월)하였다. 그즈음 예술계에 밝은 큰오빠 최승일의 계획으로 이시이 바쿠의 경성공회당 3월 공연[24]을 보고 이시이 바쿠도 만나게 되는데, 키가 170센티미터에 가깝고

▲ 최승희 Lyric Poem(2024) ⓒ이진숙(作)

팔이 길고 몸의 선이 고운 신체 조건을 보고 이시이는 최승희를 문하생으로 받아들인다.

그녀는 열여섯 살 어린 나이에 일본으로 건너가 무용을 배웠고, 이시이 바쿠 무

용단의 일원으로 일본과 한반도의 여러 무대에 올랐다. 1929년 고국으로 돌아와 서울시 종로구 적선동에 '최승희 무용연구소'를 열고 1930년 경성공회당에서 '제1회 최승희 발표회'를 가졌다.[25]

《동아일보》 1930년 11월 14일자 기사에서 최승희는 『파우스트』 광고 위에 공연 사진을 넣어 광고 효과를 얻기도 했다. 이것은 최승희 공연 광고에서만 볼 수 있는 특수효과였던 것 같다.[26] 1931년 1월 7일자 《동아일보》에서 최승희의 유명한 〈광상곡〉의 춤추는 모습 사진과 공연 광고를 볼 수 있었다. 1931년 4월 25일자와 28일자 《동아일보》에 '제삼회신작공연' 광고가 실려 있는데 최승희의 다른 사진이 각각 들어 있다. '푸로그람'이라는 글자가 선명하게 적혀 있다. 후원에 '동아일보 학예부'라고 적혀 있는 것으로 미루어 볼 때 그녀의 후원처인 동아일보에서 주로 광고를 했던 이유를 어림짐작케 한다.

1930년대는 그녀가 무용가의 위치를 확보해 나간 시기이다. 1937년~40년에는 미국, 유럽, 중남미 해외로 진출하였다.[27] 해외 순회공연을 벌이면서 세계적인 명성을 얻었지만, 조선총독부의 요구로 일본인 위문공연을 다닌 이력으로 최승희는 광복 직후 먼저 북으로 들어간 남편 안막을 따라 1946년 월북한다.[28]

2) 이시이 바쿠의 첫 번째 한국인 남성 제자, 조택원

조택원(趙澤元, 1907~1976)은 함경남도 함흥부의 명망가에서 태어나 보성전문학교 법과를 졸업했다. 1920년 함흥고보 2학년 때 서울 휘문고보로 전학 와서 해삼위 귀국 공연을 보고 감명을 받았다. 조택원은 그중 박시몬(박세몬)과 친해져 2년간 집에 머물도록 하면서 무용을 가까이 접하게 된다. 또한 휘문고보 3학년인

▲ 경성에서의 조택원춤(2023) ⓒ이진숙(作)

1922년 인사동의 조선극장에서 열린 제3회 토월회 무대에 호팍이라는 우크라이나 춤을 선보여 호평을 받았다. 1926년 3월 21~24일 이시이 바쿠의 신무용 공연을 보고 일본 유학을 결심하게 되었다.[29]

이시이 바쿠의 첫 번째 한국인 남성 제자가 된 조택원은 1932년 봄에 귀국해 이시이 바쿠 무용연구소 조선지부를 9월 25일 이도상회에 창설한다(《동아일보》, 1932년 9월 24일). 이후 1935년 1월 제2회 조택원무용발표회를 경성의 부민관에서 개최한다. 1935년 11월 1일에는 조택원 무용연구소 공연회에서 자신의 솔로작 〈작렬하는 사색〉을 포함하여 〈소야곡〉,〈승무의 인상〉,〈황혼의 원무곡〉등을 선보였다. 조택원무용공연회의 〈인상기〉에서는 진수방과의 춤을 제외하고 관객으로부터 호평받지는 못했다고 한다.(《조선일보》, 1935년 11월 12일).

1930년대에는 프랑스에서 유학했는데 1938년 파리에서 돌아온 그의 신무용 〈방아타령〉, 〈딴스포퓨러〉, 〈가사호접〉, 〈검무〉 등은 한국무용을 서구식 무대에 맞게 창작화한 것으로 변모해 있었다(《조선일보》 1938년 10월 20일). 1945년 해방 이후 친일로 몰린 조택원은 결국 1947년 도미 고별 공연을 마치고 미국으로 떠나며(《경향신문》, 1947년 6월 21일) 조택원무용연구소를 정리하였다.[30]

3) 박금슬, 한국무용의 체계화를 이루다

그 외에 박금슬(1922~1983)[31] 역시 1939~1943년 이시이 바쿠 무용연구소에서 현대무용을 배웠으며, 한국무용의 체계화를 이루며 한국무용의 교과서로 불리는 이른바 '박금슬 기본'을 정립했다.[32]

▲ 조택원-작렬하는 사색 조선일보(1935.11)

▲ 조택원-무용발표여행 [이시이나꼬(石井郁子),김관수] 동아일보(1934.04)

▼ 조택원-귀국 제1회공연 [이시이에이꼬(石井榮子)] 동아일보(1934.01)

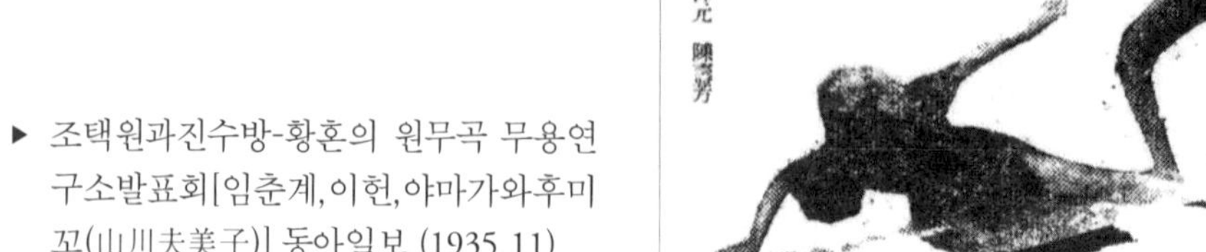

▶ 조택원과진수방-황혼의 원무곡 무용연구소발표회[임춘계,이헌,야마가와후미꼬(山川夫美子)] 동아일보 (1935.11)

▲ 조택원의 춤1934 (2024) ⓒ이진숙(作)

4) 김상규, 신무용을 계승하다

◀ 김상규 무용 제5회 신작발표회 ⓒ 대구광역시 문화예술 아카이브 소장 이인석 콜렉션

김상규(1922~1989)는 최승희의 공연을 보고 14세(1935)에 동경으로 유학을 떠났다. 일본 와세다중학교를 다니면서 저녁에 이시이 바쿠 연구소에 가서 신무용을 배웠으며, 1946년 10년간의 유학 생활을 청산하고 한국으로 돌아왔다. 김상규는 1946년 귀국 후 바로 신무용연구소를 개소하였다.[33] 1949년 자신의 무용단을 창단하고 만경관에서 가진 그의 '김상규 신무용 발표회'가 대구 지역에서 첫선을 보였고, 1951년부터 김상규 무용발표회가 국립극장(키네마극장, 현 한일극장, 전쟁 중에 중앙국립극장이 대구로 옮겨짐)에서 자주 올랐다.[34]

▲ 김상규 ©대구광역시 문화예술 아카이브 소장 이인석 콜렉션

5) 무용계의 호프, 조용자

조용자(趙勇子, 1924~2012)는 배화고등여학교 3학년 때 일본으로 건너가 도쿄음악학교에 입학하여 2학년 때 일본청년회관에서 공연된 에구치 안무의 〈마즐카〉라는 무용 작품에 출연하였고, 1940년 4월 이시이 바쿠 무용연구소에 들어가 본격적으로 춤에 입문하여 약 4년 동안 현대무용을 배웠다.[35]

조용자는 사실 무용계에서 현재 잘 모르는 사람들도 있지만, 광고에 '무용계의 호프'라는 이색적인 글귀만큼 서양무용을 잘했던 인물로 부산에서 태어나 본명은 갑식(甲植)이며 날쌘 사람이란 뜻을 지닌 용자(勇子)라는 예명으로 활동하였다.[36] 전)한국무용협회 김복희이사장의 이종사촌 언니이다.

▲ 조용자무용발표회 동아일보(1949.11)

그녀는 이시이 바쿠(石井漠)의 무용연구소에서 함께 배웠던 조택원으로부터 서울 공연 〈부여회상곡〉의 출연 권유를 받아 왕녀 역으로 무대에 섰다. 이후 〈헝가리 광시곡〉(1941), 〈호두까기 인형〉(1944) 등에 출연했고 1944년 제1회 무용발표회를 당시 서울인 경성의 부민관에서 올렸다. 1945년 열린 제2회 무용발표회에서 한국무용 〈영봉찬무〉, 〈즉흥무〉, 〈봉선화〉 등을 추었고 서양무용으로는 〈헝가리 무곡〉, 〈나비〉, 〈바그다드의 여인〉 등을 올렸다.[37]

그는 자신의 안무작 〈봉선화〉에서 일제의 압박에도 민족적 긍지를 내세운 춤으

◀ 조용자 무용공연 시공관 동아일보(1949.11)
▶ 조용자, 강선영 ⓒ김복희제공

로 평가받았다. 1946년 세 번째, 1949년 네 번째 무용발표회를 꾸준히 가졌다.

근대신문은 글씨 광고에서 벗어나 한눈에 인식할 수 있는 그림 도식을 사용하였다. 춤추는 사진보다는 재미있는 그림으로 눈길을 끌기도 한다. 이 광고는 1949년 11월 28일 조용자의 네 번째 무용발표회이다. 1949년 11월 28일 동아일보에는 '무용계의 호프'라는 글자와 함께 얼굴을 넣은 조용자의 광고가 독특하다.[38]

같은 해 6월 조택원을 위원장으로 '조선무용예술협회'가 설립되었고 조용자는 현대무용부 위원으로 임명되었다. 조용자는 1953년 자신의 이름을 내걸고 무용연구소를 개설했다. 1960년에는 한국민속예술단 소속으로 프랑스 파리 국제민속예술대회에 참가했다. 그 뒤 일본으로 이주해 도쿄에서 조용자 무용연구소를 열었다.

한국 춤 문화 형성에서 통상 새로운 무용, '신무용'이라 불리는 춤의 수용은 창작무용의 시대를 예고했으며, 극장 무용의 활성화를 유도했다는 측면에서 매우 의미 깊은 사건이었다.

1926년 3월 일본인 현대무용가 이시이 바쿠에 의해 이 땅에 처음 선보인 모던 댄스는 표현을 위주로 하는 자유로운 영혼의 춤이었다. 최승희와 조택원, 조용자, 김상규 등에 의해서 수용된 모던 댄스는 한국의 신무용이라는 새로운 장르를 형성하는 계기를 마련하며 창작무용의 장을 열게 되었다.[39]

해방 이후 현대무용은 1950년대까지 혼란의 시기를 겪었으며 일제강점기에 등장한 신무용은 전통 무용적인 성향을 보다 적극적으로 수용하여 현재 한국무용으로 정착하게 되었다.[40] 이후 현대무용이 독자적 장르로서 발전하는 계기가 된 것은 대체로 육완순이라는 무용가가 미국식 마사 그레이엄 테크닉을 수용하게 되면서라고 알려져 있다.

Chapter 3.

한국 현대무용의 시대와 특성

100 Years of Korean Modern Dance: A Flourishing Evolution

▲ 함귀봉무용연구소 ⓒ김문숙

한국의 춤 문화 형성에서 중요한 사건은 근대에 등장한 뉴댄스의 유입이라 할 수 있다. 통상 새로운 무용은 창작무용의 시대를 예고하며 뉴댄스가 한국 춤 문화에서 극장무용의 활성화를 유도했다는 측면에서 이는 매우 의미 깊은 사건이었다.

뉴댄스라는 신무용의 개념을 좀 더 살펴보면, 서구의 근대무용으로서 '양춤', '신식춤', '서양춤'을 일컫는 의미로 한국의 전통춤과는 대조적으로 단순히 인식되었다. 이에 대해 조동화는 '현대무용의 전신인 발레에 대하여 생긴 새로운 형태의

춤'이라고 한 반면, 안제승은 '사조의 바탕으로 현대 감각에 두고[41] 현대무용 운동으로서의 이념과 방법으로 창조되는 새로운 한국무용의 실체이며 활동이고 형식이며 체계'[42]라고 함으로써 신무용의 개념이 우리나라 무용의 새로운 창조에 대한 중요성을 부각시키는 넓은 의미로 설명되었고, 우리나라 고유의 무용[43] 문화에 대한 정통성을 강조하고 있는 것으로 풀이되고 있다.

위와 같은 정의로 볼 때, 처음 서구의 무용이 소개될 당시 신무용은 현대무용이라는 개념으로 받아들여졌으며(조동화의 견해), 이후 한국 무용문화에 정착되면서[44] 새로운 창작무용의 개념으로 사용되어 한국의 정통성을 가진 무용으로 정착한 것(안제승의 견해)으로 보인다. 이와 같은 개념 정의에 따라, 신무용은 한국무용으로 정착된 무용이든, 현대무용이라는 개념으로 받아들인 무용이든, 창작무용의 한 영역으로서 초기 서구 현대무용과 같이 새로움을 지향하는 춤으로 수용되었다고 볼 수 있다.

초기 현대무용의 수용이 마리 뷔그만, 이시이 바쿠에 의한 표현주의를 토대로 이루어진 것이었다면, 1960년대 이후 육완순이 미국 유학 후 한국에 도입한 미국식 현대무용은 한국의 현대무용을 본격적으로 정착시키는 계기를 마련하였다. 이후 이화여자대학교 무용학과의 정식 전공으로 현대무용이 개설되면서 수많은 현대무용가들을 탄생시키는 계기가 되었다.

육완순에 의해서 수용된 미국식 현대무용은 서양식 움직임을 통한 우리 이야기를 작품화하는 데 영향을 미쳤으며, 이후 다른 대학에도 무용학과가 개설되면서 한국 현대무용의 주류를 형성하게 되었다.[45] 현대무용 발전에 지대한 영향을 미친 대학에서의 현대무용 전공 개설은 많은 동문 현대무용단을 배출시키면서 초기 현대무용이 가지는 자유정신을 바탕으로 각각의 새로운 스타일을 만들 수 있는 새로운 창작무용의 경향성을 가지게 되었다.

▲ 마리뷔그만-라반학교 재학중 마조레호수 (1913~1918)

따라서 현대무용의 수용에서 초기와 1960년대 이후의 특징을 분리하여 보면, '1930년대에서 1950년까지는 독일식 · 일본식 신무용의 영향을 받은 시기이고, 그 이후는[46] 마사 그레이엄의 영향을 받은 시기이다.' 즉, 초기 현대무용이 표현주의적 경향성을 가진 독일의 마리 뷔그만식 춤이었다면, 1960년대 이후의 현대무용은 미국의 마사 그레이엄식의 표현을 위한 새로운 형식을 갖춘 현대무용이었다고 할 수 있다.

1 한국 현대무용의 시대 구분

한국의 현대무용 수용에서 시대 구분과 관련된 선행 연구를 살펴보면 김복희(1994)[47]와 오문자(1995)[48]는 한국 현대무용의 시기를 4단계로 구분하고 있다. 이시이 바쿠의 경성공회당 공연과 그의 제자 최승희 조택원이 활동을 시작하면서 한국적인 소재를 다루며 서양식의 음악과 움직임을 그대로 표현한 도입기(1926~1936. 11.), 최승희가 세계 무대에 한국의 정서를 담은 작품을 공연하기 시작하면서 본격적인 한국적 정서를 수용하여 현대무용을 창작했던 혼미기(1936. 12.~1945. 8.)를 앞의 두 단계로 본다. 해방 후 표현주의적인 현대무용과 미국식 현대무용의 기법을 활용하여 한국적 정서감을 표출하려고 노력하였던 개척기[50](1945. 9.~1979. 9.), 그리고 대한민국무용제가 출발하여 창작의 활성화를 이루면서 한국적 현대무용이 보다 성숙한 발전을 하게 된 성장기(1979. 9.~)로 시대 구분을 시도하고 있다.[51]

김현남(1998)[52]의 경우, 서양식의 모든 춤이 수용되었던 시기를 태동기(1905~1925)로 보고, 이시이 바쿠의 신무용 공연을 기점으로 일제강점기를 도입기(1926~1961), 미국의 현대무용이 도입되었던 1960년대를 모색기, 무용계의 제도적[53] 정비와 한국적 현대무용의 발전을 위한 단체들의 설립과 대한민국무용제가 시작된 1970년대를 발전기로 보았다. 또한 60~70년대 미국식 현대무용의 유

◂ 최승희-고별무용회개최 동아일보(1937.07)
▸ 박외선-경성의 공연 조선일보(1937.03)

◂ 조택원 조선일보 (1937.01)

* 한 세대를 풍미한 최승희, 박외선, 조택원

입을 통해 대학의 무용과 신설이 활발하게 이루어졌으며, 춤 세대층[54]이 다양해지기 시작한 1980년대를 현대무용의 르네상스 시기로 구분하고, 이어 국제적인 무용 행사가 개최되고 다양한 무용이 소개되면서 포스트모던 댄스풍의 즉흥성과 유희성을 가진 춤의 전개 양상을 띠는 1990년대를 구분하였다.[55] 이와 같은 시기 구분은 무용문화 및 사회적 변화의 양상을 동시에 고려한 것으로 보인다.

저자는 현대무용의 정신을 근거로 하는 서양식의 무용이 유입되는 특징을 토대로 크게 도입기, 발전기, 융성기로 시대 구분을 시도하였다. 또한 포스트모던 댄스(Post-Modern Dance)와 신표현주의의 탄츠테아터 경향의 유럽식 컨템퍼러리 댄스(Contemporary Dace)의 유입기를 현대무용과 구별하여 시기를 나누었다.

독일식 현대무용을 선보인 이시이 바쿠의 경성공회당 공연을 현대무용의 본격적인 유입의 시작점으로 보고, 첫 시기는 이시이 바쿠의 공연을 기점으로 그의 제자 최승희, 조택원이 활동하였던[56] 기간과 해방 이후 혼란한 사회였던 시기를 현대무용 도입기(1926~1950년대)로 나누었다. 두 번째 시기는 미국식 현대무용의 유입과 대학 무용학과의 설립과 동문무용단들이 만들어져 활동했던 시기로, 현대무용의 발전기(1960~1970년대)로 규정하였다. 세 번째 시기는 현대무용의 한국적 수용이 왕성하게 이루어진 한국적 현대무용의 르네상스 시기라고 할 수 있는 융성기(1980~1990년대 초반까지)[57]로 규정하였다. 따라서 세 시기를 한국 현대무용에 드러난 한국적 특성과 관련하여 살펴보려 한다.

현대무용의 한국적 수용에 대한 논의는 한국성에 대한 발현에서부터 진단될 수 있을 것이다. 우리의 문화가 아닌 것을 수용하여 한국적 예술로 발전시키는 과정에서 나타날 수 있는 한국성이라는 용어에 대한 개념은 '한국 문화'라고 한정 지을 수 있다.[58] 한국 문화라 하면 곧 한국인의 문화적 공동체를 전제로 한다. 그것은 '언어, 윤리, 가치관, 관습과 풍습, 상징과 의미 체계, 행동규범과 행동양식, 미

적 감정의 표현방식과 감상의 눈, 역사 인식의 틀 등을 공유하는 사람들의 세계'이다.[59] 즉, 한국성의 하나의 현상이 아니라 한민족이 갖는 공통감의 영역이라 할 수 있다.

시대적인 관점에서 볼 때, '한국성은 규정되는 것이 아니라 자각되는 것으로, 과거와 미래의 통시성을 가지면서 외형적으로는 많은 변화를 가지지만 꾸준히 그 불변성을 느낄 수 있다'.[60] 즉, 한민족이라면 반드시 가질 수 있는 가치관에 의해 생성되는 특성이 한국성이라는 공통적인 성격을 갖게 되는 것이다.[61] 따라서 한국성의 탐구는 곧 한국인의 문화적 정체성을 찾는 일이며 이는 우선 "한국성이 존재한다는 것을 전제로 해서만 가능하다."[62]고 볼 수 있다.

따라서 이와 같은 이중적인 요소들이 어떻게 발현되는가에 따라서 한국적 현대무용의 경향성에 대해 진단할 수 있다.

2 한국적 수용의 특성

1) 도입기: 1926~1950년대

현대무용의 도입기는 표현성이 강한 독일식 현대무용이 도입된 일제강점기에 최승희, 조택원에 의한 신무용의 전개에서부터 해방 이후 한국 신무용으로의 토착화와 함께 미국식 현대무용이 유입되기 전까지라 할 수 있다.[63]

일제강점기는 한국의 정신성을 강조할 수 없었던 시대였으며, 외국의 신문화와 한국의 전통문화가 혼재했던 시기였다. 또한 해방 이후는 한국의 문화를 전개할 수 있었으나, 남과 북으로 분리된 신탁통치 시대와 한국전쟁으로 정치적인 혼란을 벗어나지 못했던 시기였다.

그러나 이 시기는 현대무용이 무대무용으로서의 예술적 가치를 인정받으며 한국의 새로운 무용문화를 형성했던 시기이기도 하다. 이 시기에 발생한 신무용은 한국무용의 한 영역으로 정착되어 1970년대까지 전통무용으로서의 가치를 지니게 되었다.

1926년 이시이 바쿠의 공연 이후 최승희는 일본으로 건너가 현대무용을 수학한 후 1930년 2월 1~2일 경성공회당에서[64] 〈최승희 창작무용 제1회 공연〉을 한다. 이 공연은 창작발표회라는 이름으로 개최된 최초의 순수예술 무용 공연이었다는

▲ 최승희-무용공연 조선일보(1931.11)

▲ 최승희 신작발표회 조선일보(1937.02)

점에서 한국무용사에서 큰 의의가 있으며, 이 공연은 본격적인 한국 신무용의 출발점이라 볼 수 있다. 이 시기에 이루어진 최승희에 의한 현대무용의 변형은 한국의 전통적인 이미지를 창작화하는 방식으로 이루어졌으며, 최승희의 춤은 '서구적 미학의 바탕에 한국미학이 접목된 춤'이라는 평가를 받게 된다.

최승희는 현대무용을 한국적인 신무용으로 변형시키기 위해서 한국의 전통적인 주제와 이미지를 최대한 활용하기 위하여 노력하였다.[65] '최승희는 기방이나 지방 춤꾼들로부터 전통춤을 익혀 전통무용과 현대무용과의 융합을 적극적으로 시도하였다.'[66] 이렇게 시도된 춤으로는 궁중의 잔치를 무대화한 〈영산무〉를 시작으로 〈에헤라노아라〉, 〈승무〉, 〈검무〉, 〈초립동〉, 〈무녀무〉 등이 있다.[67]

▲ 조택원-만종 경성일보 ⓒ김정환(作) 김주현(再)

그녀의 현대무용의 한국적 수용은 내용적인 측면에서는 한국의 정서감과 민족적 정서를 드러내는 데 주력하였으며, 형식적인 측면은 자신이 배운 한국무용의 기법을 활용하여 창작하는 경향성[68]을 가지게 되었다. 현대무용과 한국적 이미지의 결합은 세계적인 무용가로 인정받는 계기가 되었다. 따라서 그녀의 창작무용은 '춤 동작의 고유성 면에서는 부족하지만 한국적 정서와 감각적 호소 면에서는 뛰어난[69] 기량을 선보였으며, 환상적인 이미지를 연출하였다.'[70]

최승희와 동시대에 현대무용을 수용했던 조택원의 활동을 보면, 그의 작품 중

지금 〈가사호접〉이라고 알려진 〈승무의 인상〉과 〈만종〉이 한국적 성향을 지닌 대표적인 작품이라 할 수 있다. 이 두 작품은 서양의 음악에 한국적인 움직임을 수행한 작품이었으며, 한국의 음악에 새로운 창작무용으로는 〈춘향 조곡〉이라는 작품이 있었다.[71] 이 작품은 '춘향의 절개와 변 사또의 폭정을 한 · 일 간의 대립개념으로 표현, 한국인의 꿋꿋한 저항의식을 춘향을 통해서 재현하였다.'[72]

조택원의 현대무용은 내용적 측면에서 한국적인 주제를 사용하여 한국의 전통무용과 한국 농촌의 생활상, 문학작품을 각색하여 민족성을 드러내고 있었으며, 형식적 측면에서도 한국적인 움직임과 한국의 전통음악을 사용하여 창작하는 경

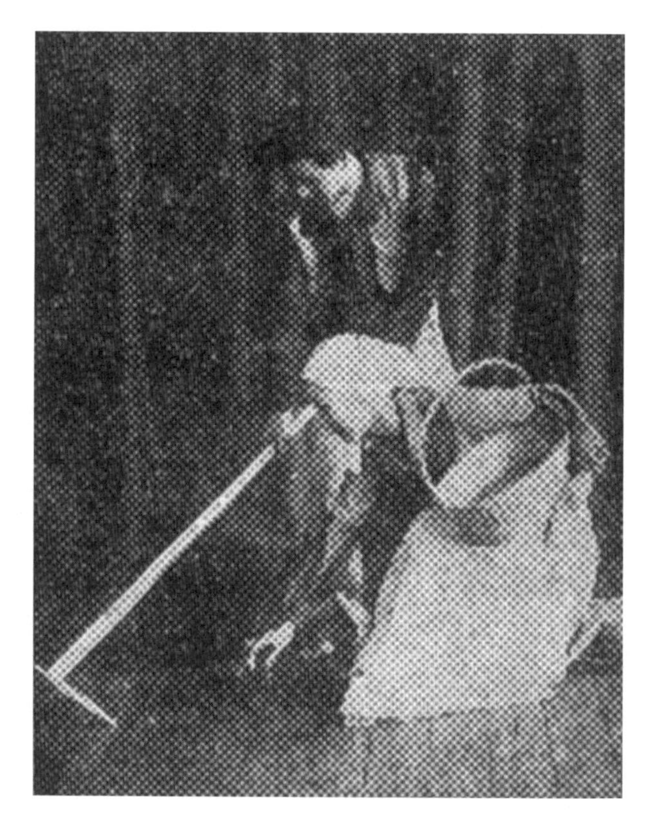

◀ 조택원-만종[박외선](1935)
동아일보(1963.02)

향성을 가지고 있었다.

해방 이후 한국 무용계는 남북이 분단되고 한국전쟁이라는 민족적인 비극으로 혼란한 사회 속에서 위축되는 분위기였다. 이 시대는 최승희가 형성[73]한 신무용이 김백봉에 의해서 보다 한국적인 스타일로 완성되면서 한국 신무용이라는 영역으로 자리 잡았으며, 이 시기의 현대무용의 한국적 수용은 김상규에 의해서 이루어졌다.

'1946년 김상규는 육군 위문공연을 위하여 〈황진이, 1946〉를 발표하였다. 이어[74] 1946년 김상규는 대구 만경관에서 제1회 김상규의 신작무용발표회 〈한량, 아리랑 삼도, 1949〉를 가졌다.'[75] 이렇듯 김상규에 의해서 현대무용적 요소를 가지면서도 한국적 성향을 띤 작품들이 발표되었다.

도입기에 현대무용의 한국적 수용은 한국의 민족적 성향을 가지는 자유로운[76] 표현을 위주로 창작하는 경향성을 띠었으며, 신무용이라는 새로운 한국무용을 탄생시키는 계기를 마련하였다. 이 시기의 활동에서 한국적 수용의 내용적 형식적 측면을 살펴보면 해방 이전에는 내용적 측면과 형식적 측면 양자 모두 서구 현대무용을 수용했던 반면에 해방 이후에는 내용적 측면은 한국적 주제를 수용하고, 형식적 측면에서 현대무용을 수용하여 형성된 신무용이 한국적 신무용으로[77] 전개되었다. 김상규에 의한 현대무용의 전개에서는 한국적인 움직임을 전혀 수용하지 않고 현대무용적 요소를 가진 동작만으로 한국의 감성과 체취를 주제를 선보인 것으로 나타났다. 대체로 현대무용의 한국적 수용은 내용적 측면과 형식적 측면에서 모두 이루어져 한국의 정체성을 내포한 현대무용을 전개하였다고 평가할 수 있다.

▲ 김상규 ⓒ대구광역시문화예술아카이브 소장 이인석 콜렉션

이 시기의 한국에서 현대무용의 수용은 신무용의 양식을 발생시키고, 형식과 내용 면에서 한국적 수용을 통해 한민족의 이야기를 새롭게 창작하는 예술가로서의 가치가 매우 높았다고 볼 수 있다. 시대적인 분위기와 맞물려 현대무용의 한국적 수용의 연관 관계는 어려웠던 시대였음에도 불구하고 한국적인 성향을 적극

▲ 김상규 ⓒ대구광역시문화예술아카이브 소장 이인석 콜렉션

적으로 반영하였다. 예술은 시대적인 분위기와 지속적인 연관성을 맺으며 발전하듯이 암울한 시대적 상황에서 한국의 정체성을 담아낸 무용문화를 형성함으로써 관객들에게 한국 문화에 대한 새로운 인식은 물론 한민족의 향수를 감상함으로써 삶에 위안을 주는 문화적인 활동이었다고 평가할 수 있다.

2) 발전기 : 1960~1970년대

▲ 육완순-초혼(1965) ⓒ현대무용진흥회제공

1960년대 초기의 현대무용의 수용은 '1962년 박외선이 일본 유학 후 이화대학 체육과에서 후진 양성을 하면서부터이며, 이후 김상규 무용단이 이사도라 덩컨 30주기 추모공연을 가졌고 1963년 이화여대 무용과를 선두로 각 대학에서 무용과가 생기면서 현대무용의 활성화'가 이루어지며 전개되었다.[78] 이후 육완순에 의해서 미국식 현대무용이 유입되면서 본격적인 한국 현대무용의 시대가 열리게 되었다.

이 시기의 가장 두드러진 특징은 대학에 무용과가 신설되어 현대무용의 활성화를 이루었다는 점이다. '또한 육완순이 결성한 오케시스무용단 이후 1975년에 비로소 현대무용의 산실로 작용한 한국컨템포러리무용단(1975~2015)이 조직되었다'는 점도 큰 특징으로 들 수 있다. '이 무용단은 국내 최초의 동인단체로서 이화여대 무용과 대학원생 및 졸업생들로 구성되었다.'[79]

이 시기에 한국 현대무용은 미국식 현대무용 움직임이라는 틀에서 한국적 주제를 수용하는 방향으로 전개되어 갔다. 육완순에 의해 전파된 마사 그레이엄 테크닉은 한국의 현대무용을 신무용과 구별시켜 주는 계기를 마련하였다.

육완순은 1963년 '제1회 육완순 현대무용 발표회'를 통해서 한국적 현대무용을 전개하게 되는데, 〈논개〉라는 작품을 통해서 한국적 정서를 현대무용적인 움직임으로 형상화하는 공연을 수행하였다. 또한 '육완순은 1965년 김소월의 시 「초혼」을 제목으로 삼아 삶과 죽음으로 나뉠 수밖에 없는 한국인의 처절한 사랑을 나타내었고, 다음 해인 1996년에는 다시 김소월의 시 「못 잊어」를 모티브로 한국적인 애절한 기다림의 정서를 표출하고자 시도하였다.'[80] 그러나 이와 같은 시도들은 한국문학이나 한국적 주제를 마사 그레이엄 테크닉을 활용하여 작품을 창작하는 경향성을 다분히 가지고 있었기 때문에[81] 한국적인 부분은 내용적 측면에서만 수용되었다고 볼 수 있다.

▲ 김복희, 김화숙 -징깽맨이의 편지(1981) 유인촌(오른쪽 끝)

이후 김경애는 '1971년 김복희 · 김화숙 현대무용(1971-1991)은 마사 그레이엄식의 무용 일변도에서 이탈하여 서구의 것인 현대무용에 우리의 토속적인 것을 접합시켜 이른바 한국 현대무용을 추구한다.'[82]고 평하면서 이 시기에 외국무용의 테크닉을 구사하면서 한국적 주제를 선택하는 것이 서구 현대무용의 한국적 수용 특징이라고 밝히기도 하였다.

이처럼 육완순의 미국식 현대무용의 도입 후, 한국적인 수용을 위한 현대무용가들의 다양한 시도들이 있었다. 이외에도 이정희의 경우는 한국의 샤머니즘적

인 요소를 수용하여 작품을 창작하게 되는데 '1977년 11월 국립극장 소극장에서 행해진 '현대무용 77'에서 이정희는 〈누군가 내 영혼을 부르면, 1977〉을 공연하였다. 원시적인 광란, 제례율동, 샤머니즘 색채가 농후한 작품이었다.'[83]

현대무용 발전기에 해당하는 1960~70년대에 현대무용의 한국적 수용은 주로 내용적 측면에 많은 비중을 두며, 한국적 정서를 외국의 무용테크닉을 사용한 표현주의적인 경향을 짙게 띠었다. 현대무용의 한국적 수용은 한국적 정서라는 내용적 측면의 수용이 주를 이루었으며, 형식적 측면의 수용에서는 무대에서 시각적으로 드러나는 의상이나 무대 분위기 등을 한국적인 이미지에서 착안하여 작품을 창작하는 경향이 짙었다.

그러나 발전기 후반으로 갈수록 미국식 현대무용 테크닉에서 벗어나며 한국적 움직임을 찾으려 노력하면서 이를 개발하기 위한 토대를 형성하였다. 이 시기의 시대적인 분위기는 한국 경제부흥기로 미국의 문화가 적극적으로 수용된 시기였다. 이로써 미국식 현대무용의 적극적인 유입이 가능해졌으며, 점차 경제적인 안정기를 맞이하게 된 한국의 무용문화 전개는 한민족의 정체성에 대한 탐구가 적극적으로 이루어지며 현대무용에 한국문학, 한국 문화의 활용이 시작되었다. 그러나 초기 현대무용 수용에서 기인한 신무용과는 차별성을 가지며 현대무용은 형식적 수용보다 내용적 수용에 치중하는 경향을 띠었다.

3) 융성기: 1980~1990년대 초

1980년대는 한국무용사에 있어서 매우 의미가 깊은 시기였다. '80년대 후반에

▲ 김복희-향 [손관중](1987) ⓒ구본창

▲ 박일규 - 서울에 핀 88개의 장미(1988) ⓒ안무자제공

▲ 이정희-살푸리9 (1992) ⓒ이동현

들어서면서 무용이 한국 공연예술의 주요 장르로 부상하며 예술춤의 르네상스 시대를 맞이하게 된다.[84] 1970~1980년대 대학가의 많은 무용학과가 생겨나고 90년대까지 한국에 43개의 대학무용학과가 설립되었다. 무용학과의 설립으로 지도교수들에 의해 전문 동문무용단체가 만들어져 활동할 수 있게 되었다.[85] 무용문화가 매우 활발히 형성되기 시작한 1980년대는 사실상 국제적 행사('86서울아시안게임, '88서울올림픽) 유치를 통해 무용예술의 활성화를 유도하기도 하였다.

현대무용의 한국적 수용은 포스트모던 댄스(Post-Modern Dance)의 경향성이 수용되기 이전까지라고 볼 때, 사실상 1990년대 초반까지는 모던 댄스(Modern Dance)의 시기라 할 수 있다. 이 시기의 가장 중요한 변화는 단순한 주제적 측면이나 한민족의 정서를 수용하여 서구식 현대무용 형태를 창작하는 방식이 아니라, 본격적으로 한국적 현대무용의 움직임을 만들고자 노력했다는 측면일 것이다.

1980년대 이후 현대무용의 한국적 수용은 독일식 · 미국식이라는 외국의 무용을 그대로 받아들이는 것이 아니라 한국적 주제에 적합한 움직임을 개발하기 위해 안무가들이 부단히 노력하는 것으로 변화하였다. 이러한 분위기는 국제적인 행사 개최나 '춤의 해'(1992년) 지정과 같은 문화 환경의 변화로 인한 무용공연의 양적 증가 및 소극장 공연의 증가 등에 의해서 더욱 활발해졌다.

이 시기의 한국적 수용의 대표적인 사례로 이정희의 〈살풀이〉 시리즈 공연을 들 수 있다. '이정희는 제2회 대한민국무용제를 필두로 여덟 편의 〈살풀이〉 연작시리즈를 발표하게 된다.'[86] 이정희는 한을 표출하는 한국의 전통무용 살풀이에서 모티브를 얻어 한국적 현대무용을 창작하였는데, 그의 작품에서는 한과 그것의 극복 의지가 드러난다.

그리고 서울무용제의 전신인 대한민국무용제와 같은 대규모 행사에서 한국적 현대무용 작품들이 발표되었다. 제3회 대한민국무용제에서 발표한 김복희 · 김화숙의 〈징깽맨의 편지, 1981〉에서는 '징깽맨이가 징을 만드는 과정을 한의 울음에 비유하여 그 속성을 통해 표현하고자 하였다.'[87] 이후 대한민국무용제는 한국적 현대무용을 발표하는 장으로서의 역할을 수행하였는데, 제7회 때 최청자의 〈처용〉, 제8회 육완순의 〈한두레〉 등 한국적 주제를 가진 현대무용 작품들이 발표되었다.

현대무용 작품들은 이정희의 〈살풀이〉 시리즈와 같이 한국 전통춤의 이미지를

▲ 최청자 -처용 (1985) ⓒ김찬복

Myungsook Park Dance Theatre : *황조가 Hwang Jo Ga, Song of Golden Oriole*, 1991. Photograph © Youngmo Ch

▲ 박명숙-황조가(1991) ⓒ최영모

활용한 작품을 제외하고 스토리와 한국적 주제의 극적 구조를 띤 것들이 대부분이었다. 이제 현대무용의 한국적 수용은 한국적인 내러티브가 있는 극 구조의 작품들이 발표되면서 기존의 무용극과 다르게 장별 구성의 추상화를 통해 한국적 정서감을 돋보이게 하는 특징이 있다.

한국적 현대무용 작품을 구상하기 위한 현대무용계의 노력은 지속적으로 이루어졌는데 '1983년 제3회 한국현대무용제에 출품한 육완순의〈학〉은 한국적인 정서와 주제를 표현하는 시도였다. 1984년 정귀인의 〈동동〉은 움직임의 약동, 변

형 반복의 과정을 한국 전통 춤사위의 맺고 어르고 푸는 과정에서 착안하여 춤의 역동성과 동양적 명상성을 적절히 조화시켰다.'[88] 이렇듯 한국적 현대무용의 작품은 한국무용의 기법을 수용하여 현대화하는 작업이었다. 이후 1989년 박일규의 〈얘들아 나오너라 달 따러 가자〉는 탈춤의 기법을 수용하고, 1989년 안애순의 〈정한수〉는 한국적 주제성을 현대무용의 춤동작(그레이엄적)과 상징성으로 농축한 제시였다.[89] 이것은 맹목적으로 빌려 온 것이 아닌 우리 문화와 상상력에 호소하며 내면으로 한국화되어 가고 우리의 현대무용이 문화적 전통성을 얻어 가는 과정이었다.[90]

한국 현대무용은 박명숙의 〈그날 새벽〉(1989), 〈고구려의 불꽃〉(1990), 〈황조가〉, 1990년 이숙재의 〈무명저고리〉, 1993년 안애순의 〈씻김〉, 김복희의 〈진달래꽃〉, 남정호 〈우물가의 여인들〉 등과 같은 작품을 통해서 한국적 정서를 극적 구조로 표현하는 경향성을 띠게 되었다.

한국적 현대무용의 융성기라 할 수 있는 1980~90년대 초반은 한국적인 소재를 현대무용이라는 외국 무용의 기법을 그대로 활용하여 창작하는 것이 아닌 한국인만이 할 수 있는 움직임으로 재구성하여 본격적인 한국적 현대무용을 완성해 나간 시기라 할 수 있다. 현대무용 기법의 단순한 수용이 아닌 한국적인 움직임을 현대화하는 데 주력하였던 것으로 나타났으며, 도입기에 한국무용 기법의 도입을 통한 새로운 한국적 신무용이라는 영역을 발생시켰던 것과는 달리 현대무용 기법을 유지하면서 한국인만이 할 수 있는 새로운 창작무용 테크닉을 만들어 나감으로써 한국적 주제에 적합한 한국적 현대무용 테크닉을 개발하였다.

이 시기의 현대무용의 한국적 수용과 시대적 분위기의 연관성을 살펴보면, 한국사회는 점차 경제적인 안정을 이루었고, 국제 행사 유치를 통해서 한국 문화를 적

▲ 남정호-빨래(1994) ⓒ안무자제공

▲ 이숙재-춤소리,닿소리 (2023) ⓒ한필름

극적으로 활용할 수 있는 환경이 조성되었으며, 단순한 외국 문화의 수용이 아닌 한국 문화의 정체성을 가지는 문화 전개를 국가적인 차원에서 독려했던 시대였다.

따라서 단순히 외국 무용 테크닉을 구사하여 한국적 주제를 표현하는 단계에서 한 걸음 더 나아가 한국적 주제를 표현하기 위해 안무가들이 독특한 움직임 스타일을 만들어 새로운 한국적 현대무용 움직임이 창작될 수 있는 시대적인 환경이 조성되었다고 할 수 있다. 또한 한국의 정체성을 가지고 있는 현대무용 작품들의 해외 진출이 활발해지면서 한국적 수용 범주인 내용과 형식 양자를 모두 수용하여 한국의 독특한 움직임과 작품 구성을 보여 주는 작품들이 적극적으로 창작되

는 문화를 형성하였다.

그러나 1990년대까지 활발하게 한국적 현대무용을 창작하던 무용문화는 이제 그만큼 활성화되지 않고 있다. 현재 무용계의 전반적인 현상을 보면 무용가들의 해외 진출이 매우 쉬워지면서 많은 유학생들이 현지에서 배운 무용을 한국에서 선보이고 수많은 해외 공연을 수행하면서 외국의 무용 스타일을 그대로 무대화하는 경향성을 쉽게 목격할 수 있다.

현대무용이 한국의 무용문화에 수용된 지 이제 100여 년이 넘어가고 있다. 현대무용은 시대성과 민족성에 의해 매우 다양하게 창작될 수 있는 무용 장르이며, 새로움을 지향하는 무용 장르라는 점을 잊어서는 안 될 것이다.

▲ 김복희-우담바라[손관중](2021)ⓒ임채옥

3 한국적 표현주의의 특성[91]

표현주의 무용은 인간 본연의 표현 욕구의 본성에 가까운 사조로서 형식 위주의 틀에서 벗어나 표현의 자유를 찾으려는 특징을 갖고 있다. 독일을 시작으로 미국에서 본격적으로 발전하게 된다. 표현주의 무용의 탄생 시점은 '초기 한국 현대무용 형성 시기(신무용기)'와 엇비슷하다. 한국(당시 일제강점기)에서 최승희, 조택원을 위시한 무용가들에 의해 한국무용에서 새로운 무용이 전개되었고 그 시기에 초기 신무용이라는 이름으로 독일 표현주의 현대무용이 수용되었으며 그 후 미국 표현주의 현대무용이 도입되었다고 할 수 있다. 독일식 표현주의와 미국식 표현주의 성향을 모두 수용한 결과, 한국만의 표현주의 현대무용이 탄생된다.

이처럼 한국에서 현대무용의 탄생 시점은 그 당시 전 예술 분야에 걸친 표현주의가 형성되었을 시기와 맞물려 있으며, 한국 현대무용 선구자들은 현대무용을 도입한 동시에 표현주의 무용철학을 수용하게 된다. 그러므로 한국 현대무용에서 나타난 표현주의적 성향은 독일과 미국의 현대무용 수용과 동시에 그 철학적 뿌리를 두고 있는 표현주의 무용철학이 그 근본을 이루고 있다.

1) 표현주의 무용의 기본 개념

무용에서 표현주의는 인간의 내면세계를 신체를 통해 표현하는 한 방식이다. 표현주의 무용은 무용가들이 주관적 · 감상적인 감정을 신체 움직임을 통해 표출시켰던 것으로, 계획되고 획일적인 감정의 경험에 대한 움직임이라기보다 자유로운 감정의 흐름을 신체 움직임으로 표현하는 것이라 볼 수 있다. 그러므로 표현주의 무용은 무용예술의 형식에 중점을 두는 것이 아니라 무용가의 정신과 작품의 내용을 강조했던 무용 사조라 할 수 있다.

표현주의는 낭만주의와 달리 자연으로 도피하지 않고 도시 속에서 불길한 이미지를 담아냈다. 또한 불안과 소외를 표현하고자 정상적인 시간과 공간, 논리 등을 대담하게 왜곡했다. 표현주의 현대무용에 있어서 긴밀한 인간관계와 정열을 다루는 게 특징으로 구조 면에서 빈약한 플롯에 매달린 일련의 장식적 움직임을 포기하고 매 순간이 무용과 드라마가 되고, 각 움직임은 오로지 감정을 표현하는 데 이바지하는 작품을 창조하는 것이다.[92]

따라서 표현주의 무용은 모든 장식적 요소를 부정하고 순수한 움직임을 통해 무용의 본질에 접근하고자 했으며, 이러한 기본 이념은 앞 시대의 여러 이론과 무용가들의 사상을 토대로 형성되며 이후 세대에까지 큰 영향을 주었다. 세계대전 후 도덕이나 가치관이 타락하고 인간의 감정이 무시당하고 전쟁으로 인하여 사회가 불안정할 때 내부의 압력과 내적 필연성을 해방시키기 위해 표현주의가 등장하였다.

이러한 표현주의의 목적은 주관적 · 능동적으로 작용하여 자아 감정을 북돋아 정신적 인격성에 대한 가치의 지각을 추진하고자 하는 데 있었다.[93] 이러한 현상은 1902년 이사도라 던컨이 독일에서 가진 공연에서 독일 현대무용의 촉매제로서

▲ 마리 뷔그만-마녀의 춤(1926) ⓒChalotte Rudolph

구실을 하여, 1920년부터 표현주의 무용, 즉 내면적인 것을 표현하는 무용으로 자리 잡게 되었다.

독일 표현주의 무용의 시기는 1910~1930년대, 즉 제1차 세계대전(1914~1918) 전후의 시기로 정의할 수 있다. 독일에서 시작된 표현주의는 그 당시 전쟁으로 인한 독일인들의 불안한 정신과 죽음에 대한 공포 등 인간의 기본적 정서를 작품에

담고 있다. 이런 독일의 표현주의 무용을 손드라 프랄리(Sodra Fralegith)는 "현대 무용의 가장 상징적인 형태로 극적인 연속체로서 현대무용의 정의를 제공한 하나의 발견이다."라고 주장한다.[94] 그 '발견'은 이전에는 한 번도 본 적이 없는 새롭게 창조된 무용의 형태였던 것이다.

또한 폴 러브(Paul Love)는 "독일 표현주의 무용은 20세기 무용을 통해서 가장 큰 변화였으며, 움직임 면에서 하나의 혁명이며 가장 완벽한 독일식 표현주의, 즉 게르만 민족의 감정을 무용의 형태로 빌려서 표현했던 하나의 시도였다."[95]라고 역설했고, 이러한 게르만적 기질은 내용을 중요시하는 표현주의를 꽃피웠다.

독일인은 전쟁 패배로 인하여 인간의 존재성이 상실되어 가고 죽음 · 절규 · 좌절 · 시련과 환멸을 경험하였는데, 이러한 정신적 요구로 내면적 표현을 강조하게 되었으며, 또한 재활하기 위한 수단으로서 춤을 사용하도록 고무시켰다. 이처럼 표현주의 무용이 탄생되고 수용될 수 있었던 것은 20세기를 전후하여 무용계에 벌어진 이러한 상황에 대처하기 위한 수단으로 마련된 커다란 변화의 움직임에 기인한 것이다.

2) 독일과 미국의 표현주의 무용 발생

표현주의는 19세기 말부터 문학을 필두로 예술계에 나타난 모더니즘 문명사에 대한 위기의식과 전환기라는 역사적 진보의 개념을 지니며 전통이나 신념 면에서 과거의 유산을 거부하고 기존의 관습이나 가치, 신앙으로부터 해방해야 한다는 공통된 예술문화운동으로 그 기반을 유지해 왔다. 19세기 말은 관습적인 관념, 특히 미의 표준적인 관념에 대한 최초의 공격이 감행되었던 시기이다. 즉, 예술

가들이 새로운 개념을 정립하기 위해 낡은 개념을 부수려고 시도한 것이다.

19세기 중엽을 풍미하는 사조였던 사실주의에 대한 반기로 20세기 초엽에 나타난 모더니즘은 20세기 후반에 들어서 포스트모더니즘에 의해 특정 지어진다. 무용에서 모더니즘은 발레에 대항하여 참된 무용정신을 회복하고 자연스런 신체 움직임으로 인간의 감정을 표현하며 독자적인 무용예술을 확립하려는 운동으로 나타났다.

제2차 세계대전 이후 표현주의 무용은 독일에서 나치 정권에 의해 민족사회주의라는 이념적 목적에 이용되었던 이유로 미국을 중심으로 발전하게 되었으며, 그로써 표현주의 무용은 미국 현대무용의 예술 사조가 된다.

사회적으로 산업혁명이라는 화학과 기계문명의 발달로 인한 인간에의 상실에 대한 불안감과 제1차 세계대전이라는 큰 전쟁이 가져다준 삶과 죽음, 희망 표현을 주제로 한 내용이 현대무용과 밀접하게 관계를 맺게 된 것은 1920년대 독일의 무용가 마리 뷔그만(Mary Wigman)에 의해서이다. 그녀의 표현주의가 시초가 되어 본격적인 표현주의 무용의 시대로 돌입하게 된다.

마리 뷔그만은 동작분석법을 고안한 라반 동작이론에 직접적인 영향을 받았으며, 그녀는 라반의 이론을 통한 공간 구성과 움직임의 다양한 질적 요소를 안무에 접목시켰다. 표현주의 무용 발전의 이론적 토대가 되었던 루돌프 라반은 인간의 활동을 항상 마음의 태도나 내적 반응을 전달하는 수단으로 보고, 인간의 내적 태도에 의해 자극된 움직임이 말로 표현할 수 없는 반응을 전한다고 주장했다.

뷔그만은 위와 같은 루돌프 라반의 표현주의 이론인 공간 형성의 이론과 무용이론을 받아들여 자신의 작품에 적극적으로 반영하였다. 라반의 이론에 근원을 두고 표현주의 무용 철학과 춤의 기교를 연구하게 되면서부터 그녀는 비로소 표현주의 무용을 완성하게 된다.

▲ 라반과 그의 제자들

또한 라반은 신체와 관련된 대부분의 양상은 움직임과 상관있으며, 내적 태도 또는 정신에 의해 자극된 움직임은 언어적으로 표현할 수 없는 반응을 전달한다고 보았다. 결국 움직임은 숨은 행동에 대해 이해하고 진단하는 도구라 할 수 있다. 인간의 움직임에 대한 라반의 연구는 움직임의 경험이 자신에 대해서 더 정확하게 이해할 수 있도록 도와주고 사람들과의 비언어적인 의사소통의 인식을 증가시킴으로써 더 의미 있는 관계를 형성하는 데 도움을 줄 수 있다고 주장한다.

마리 뷔그만의 춤은 라반의 움직임 이론에 기초하여 당시의 시대상과 주관적 표

▲ 라반(베를린)

현을 이루어 낸 것이다. 마리 뷔그만이 움직임에서 표현한 정서들은 인간의 기본적인 감정 중에서도 슬픔 · 분노 · 죽음에 대한 관념 같은 심오한 것이었으며, 고조된 내적 갈등이 움직임을 통해 어떻게 직설적으로 묘사될 수 있는지에 집중했다. 다시 말해, 그녀는 순수한 움직임의 자연성과 우월성을 강조한 안무가로서 암울한 감정에서 비롯된 내적 체험들을 주된 표현의 주제로 삼았다. 그녀의 이러한 '내면의 춤'은 후에 무용동작치료에 큰 영향을 미쳤다.

독일 표현주의 무용의 기틀을 제공한 마리 뷔그만과 쿠르트 요스는 라반의 움직

임 이론을 적극적으로 받아들여 독일 표현주의 현대무용을 이끈다. 특히, 뷔그만은 독일 예술문화의 흐름 속에서 이러한 표현주의 무용을 기반으로 자신의 독특하고 독자적인 예술이론을 확립하였을 뿐만 아니라 무용이 나아갈 새로운 방향을 제시하며 독일 표현주의 현대무용이 세계적으로 뿌리내릴 수 있게 하였다.

3) 한국 현대무용사에 있어서 표현주의의 수용

(1) 신무용 시기의 수용

독일의 영향을 받은 이시이 바쿠는 독일 무용가인 마리 뷔그만이 주로 사용했던 무용 위주의 작품인 '무음악 무용'과 인간 내면의 고뇌와 고통을 작품으로 형상화하는 데 주력하였으며, 인간 삶에 나타나는 절망, 슬픔, 희망 같은 내면세계를 자신의 인식을 통해 표출시키는 작품들을 발표하는 등 뷔그만식의 현대무용을 구사했던 것으로 전해진다.

1926년 이시이 바쿠의 한국(당시 일제강점기) 경성공회당 공연을 시작으로, 그의 제자 최승희와 조택원은 신무용가로서 표현주의의 영향 아래 자신들의 예술세계를 구축하게 된다. 이들은 인간의 내면적 사상이나 감정을 자유로운 몸짓에 의해 표현하고 시대적 정신과 문화적 흐름에 근거하여 개성에 따라 무용을 만들었다.

이들은 정형화된 춤사위를 그대로 답습하는 것이 아니라 새로운 무브먼트(Movement) 개발에 주력하고, 또 조선인만이 가질 수 있는 민족성을 춤으로 형상화하는 데 주력하였다. 우리 민족이 가지고 있는 민족적 애환과 슬픔, 해학과 희망 등을 춤으로 표현하는 등 지극히 표현 위주의 작품들을 주로 발표함으로써 한

국에 현대무용을 뿌리내리게 하였다.

(2) 1960년대 이후 미국식 현대무용의 수용

한국 현대무용은 1960년대 이후 육완순에 의해 미국식 표현주의 현대무용의 수용으로 인해 변화의 시기를 맞이하게 된다. 이 시기에 수용된 표현주의 현대무용은 대학 무용(학)과를 중심으로 형성되어 전개되는 특징을 가지고 있는데, 이는 이화여자대학교 무용과에 재직 중이던 육완순에 의해 새로운 전환기를 맞이하게 된다.

60년대 이후 한국 현대무용은 미국식 현대무용의 수용을 통해 정형화되는 듯하였으나, 80년대 이후 소극장운동과 무용가들의 예술철학 확립을 통해 무용예술은 인간 삶, 인간의 정체성, 사회비판의 역할을 수행하게 된다. 이 시기의 현대무용에 나타난 표현주의적 성향을 보면, 주로 새로움에 대한 탐구와 한국적 현대무용의 탐구로 특정 지을 수 있다.

80년대 이후 한국 현대무용은 양적으로 급속한 팽창과 더불어 신무용 이후 한국 창작춤의 정체기에서 벗어나 새로운 무용의 창작과 개방적인 태도, 무용가들의 자기반성을 통한 예술관 확립 등을 토대로 대중과 소통하는 현대무용, 일상과 사회의 주제화, 자유로운 움직임 개발 등을 통해 보다 창의력 있는 몸짓 언어의 개발에 주력했다. 이와 같은 성향은 표현주의 무용의 기본 정신인 인간 정신을 외적으로 표현한 것으로서 자율성에 의거한 무용 활동의 발현으로 평가할 수 있을 것이다.

(3) 1990년 탄츠테아터의 수용

1990년대는 단순히 70년대와 80년대의 서구 현대무용의 기술과 형식을 수용하

▲ 피나바우쉬-카네이션 ©LG아트센터 제공

는 단계를 지나, 진보된 안무가들에 의한 독자적인 춤 양식과 독자적인 춤 언어의 과학적 체계화를 통해 세계 예술 무용에 우리의 눈과 기준을 가진 무용 창작 작품들을 제시했다. 시대적 감성과 어울리는 자유로운 창작성을 지향하였으며, 표현의 적절함을 위해 연극적인 요소를 무용의 형태로 승화시키기도 하고 무대장치나 조명 · 의상 등에서 작품성을 강조하고 음악적인 기능을 제거 · 변형함으로써 현대무용의 본질인 표현주의적 요소의 영향을 많이 받았다.[96]

1990년대 한국 현대무용의 표현주의적 성향에 지대한 영향을 미친 인물은 독일

◀ 피나바우쉬-카네이션
ⓒLG아트센터 제공

안무가 피나 바우쉬이다. 탄츠테아터(Tanztheater) 형식을 적용한 작품은 극적(劇的) 구조의 확대와 삽입, 풍자, 알레고리 등과 같은 다양한 표현성을 지니며, 기승전결의 극적 구조를 가지고 있는 것이 아니라 추상적인 움직임이 연속되며, 일상적인 생활의 연속성에 바탕을 둔 무대 공간 등이 특징이다.

피나 바우쉬의 표현주의 현대무용에 영향을 받은 한국 현대무용에 나타난 표현주의적 현상은 사회 비판적 리얼리티, 현실과 가상의 결합 등과 같은 특징을 지닌다. 이는 무대 공간에 자연물을 그대로 전시하듯 배치한다든가, 무용수들의 자유로운 움직임, 다른 예술 장르와의 접목 등으로 표출되었다.

(4) 한국적 표현주의의 특성

인간 내면의 정신세계에 대한 자유로운 표출에서 출발한 표현주의는 인간이 가지고 있는 공포와 불안, 긴장을 움직임으로 표현하는 표현주의 현대무용 형성에 지대한 영향을 미쳤다. 따라서 표현주의 현대무용은 인간 삶이나 사회비판 등과 같은, 인간이 이 세계에 살아가면서 경험하고 느끼는 정서를 무브먼트(Movement)라는 것을 통해 형상화하는 무용을 총괄할 것이다.

무용은 새로운 방향의 춤을 모색함으로써 중요한 요소들을 형성하며 항상 발전해 왔다. 하나의 춤이 다른 춤에 영향을 주기도 한다. 그런 점에서 표현주의 무용의 성향은 한국 현대무용사에 지대한 영향을 미쳤다. 지금까지 살펴본 것을 토대로 한국 현대무용에 나타난 한국적 표현주의 성향이 어떤 특성을 지녔는지 정리해 본다.

하나는 한민족의 성정을 무대화하고 한민족 특유의 움직임을 차용했다는 것이다. 신무용의 시작 단계에서 최승희, 조택원과 같은 무용가는 일제강점기에 민족의 애환을 창작에 적극적으로 활용하였고, 움직임 면에서는 전통춤을 현대무용적 테크닉과 접목해 새로운 춤 언어를 개발하였다. 1980년대 이후 한국 현대무용은 불교적 색채와 한국 설화에 대한 재해석 등을 토대로 한민족의 정신과 혼을 형성화하였고, 마사 그레이엄 테크닉에서 벗어나 한국적 춤사위를 개발하는 데 주력하였다.

다른 하나는 작품의 구성 측면에서 90년대 이후 독일식 표현주의인 탄츠테아터 형식을 적극 수용했다는 것이다. 정형화된 기승전결 구조에서 벗어나 자유로운 구성을 시도했으며, 일상적인 상황을 무대화하여 일상과 무대라는 벽을 넘나드는 성향을 보였다.

마지막으로, 표현성의 극대화를 꾀하기 위해 문학작품 차용, 영상과의 접목,

즉흥적인 음악과 움직임의 결합 등과 같은 실험 무대를 조성하고 있는 점을 들 수 있다.

이상과 같이 한국 현대무용에 나타난 한국적 표현주의 성향은 현대무용이 가지고 있는 표현성을 극대화시킬 수 있는 창작 방법을 개발하는 계기를 마련하였다. 더 나아가 예술가의 지식과 사유를 바탕으로 무용예술의 사회 비판 기능을 확장시켰으며, 인간 삶에 대한 자기반성을 유도하는 예술로서 무용의 가치를 높이는 데 기여했다고 평가할 수 있을 것이다.

한국 현대무용사에서 표현주의 무용의 수용은 예술로서 무용을 형성하는 데 많은 공헌을 하였음을 알 수 있다. 서구 표현주의라는 미학적 담론은 한국 현대무용에 녹아들어 많은 무용가들에 의해 한국인의 정서 함양이라는 모티브로 '한국적 표현주의'라는 용어를 탄생시켰다. 오늘날 안무의 방법과 기술 측면에서 타악기, 무음악, 또는 작곡으로 움직임의 특성을 강조하는 경우를 보더라도 서구식 현대무용이 100여 년이 지난 지금도 한국 현대무용의 기본 구조를 이루고 있는 예술적 사조는 표현주의 무용이라고 이야기할 수 있다.

인간이 지니는 기본 욕구 중 하나인 '자기 표출'과 '현재 삶의 현상에 대한 관심'을 자유스런 동작으로 표현하려는 현대무용에서 표현주의 수용은 자연스러운 일일 것이다. 오늘날 한국 현대무용에서 여전히 강한 성향을 드러내는 표현주의적 성향은 '한국적 표현주의'라는 스타일 탄생을 바탕으로 새로운 미학적 담론에 대한 가능성을 보여 준다.

Chapter 4.

한국 현대무용 계보

100 Years of Korean Modern Dance: A Flourishing Evolution

현대무용이 한국에 첫선을 보인 지 거의 100년이 되어 간다. 이 시점에 춤맥을 기록한다는 것은 현대무용사(史)에서 어느 것 못지않게 가치 있는 일이라고 할 수 있다.

1926년 이시이 바쿠의 한국(당시 일제강점기) 공연 이후 한국에 현대무용이 도입되며, 서구춤에 한국의 전통적인 이미지가 창작화되어 한국만의 현대무용이 정착된다. 그로부터 100여 년이 흐른 지금, 독립안무가들을 포함한 4세대 현대무용가들은 장르 간 경계를 허물어 활동의 폭을 넓혀 나가고 있다. 이 장에서는 한국 현대무용의 계보를 알아보고, 조합을 이루어 활동하는 무용가와 독자적인 혹은 해외에서 활동 중인 무용가를 나누어 살펴보고자 한다.

한국 현대무용은 1960년대 대학에 학과가 개설되면서 아카데미를 중심으로 성장해 나갔다. 따라서 한국 현대무용의 현재를 있게 한 대학 동문 단체를 알아보는 순서 또한 빼먹을 수 없을 것이다. 아울러, 한국 현대무용의 미래를 열어 나갈 한국 예술고등학교의 현황을 살펴보고자 한다.

1 한국 현대무용의 계보[97]

1926년 이시이 바쿠(石井漠)의 한국(당시 일제강점기) 공연 이후 조택원, 최승희, 조용자, 박금슬, 함귀봉, 김상규 등이 일본으로 건너가 그를 통해 현대무용이라는 장르를 접한다. 이들은 1930~50년대 개별적으로 귀국하여 서구춤에 한국의 전통적인 이미지를 창작화하는 방향으로 기울여 간다.[98] 스승으로부터 배운 서구춤에 한국무용을 결합하고 한국의 전통음악을 사용하는 경향성을 띠게 되면서 '신무용'이라는 장르를 구축해 갔다. 그 당시 신무용 계열에서 현대무용이라는 장르를 추구했던 것으로 보인다.

그중 함귀봉과 김상규는 현대무용 장르에 보다 적극성을 보였다. 청주 출신 함귀봉(미상~?)은 일본에서 공부한 유학파로, 해방 후 귀국하여 1946년에 결성된 조선무용예술협회의 부위원장으로 활동하였다. 1949년에는 장추화, 김막인, 한동인 등과 함께 현대무용가 집단을 결성하였고 대표가 되었다(1949년 5월 1일 동아일보). 그는 미국 무용가 이사도라 던컨과 독일 무용가 마리 뷔그만의 현대무용에 기초한 교육무용의 정착과 전파에 힘썼으며 6 · 25전쟁 때 월북하여 최승희무용학교 교사로 활동하였다.[99]

대구 출신 김상규(1922~1989)는 1946년 대구에서 '신무용연구소'를 열고 발표회에서 현대무용이라는 표현을 프로그램에 사용하며 대구 · 경북 지역에 현대무용

을 전파하였다.[100] 그는 서구춤의 움직임을 전개하면서 한국적 주제를 수용하면서도 한국적 움직임은 수용하지 않았다. 대표작으로는 〈초상〉, 〈월야〉, 〈간다라의 벽화〉, 〈회귀〉 등이 있다.[101] 주로 현대무용이 가진 자유로운 표현성을 위주로 창작하는 경향을 보였다. 그는 대구시립무용단 창단에도 기여했으며 그의 딸 김소라(1957~2010)는 이화여대를 졸업하고 대구 가톨릭대 무용과 교수를 지냈다.

▲ 육완순-논개 (1980) ⓒ현대무용진흥회제공

▲ 육완순 먼 훗날에 (1962) ⓒ현대무용진흥회제공

1920~50년대 한국의 춤계에서 두드러진 활동을 보인 최승희, 조택원이 해외로 진출하면서 한국적인 신무용의 기세가 확산되어 갔다(최승희의 〈에헤라 노아라〉, 조택원의 〈승무의 인상〉 등).[102]

한국 현대무용은 1960년대 대학에 학과가 개설되면서 아카데미를 중심으로 성장해 나갔다. 1962년 박외선(1915~2011)이 일본 유학 후 이화여자대학 체육과에서 후진 양성을 하면서부터 현대무용이 한국에 이식되기 시작했고, 그 발전의 태동은 육완순으로부터 비롯되었다고 해도 크게 무리는 없을 것이다. 1963

▲ 현대무용의 밤-공간사랑

년 3월 이화여자대학교에 무용학과가 생기고, 박외선의 이화여대 제자인 육완순(1933~2021)은 이화여대 체육과에서 무용을 전공한 뒤 동 대학원에서 현대무용을 전공하였다.

육완순은 1963년에는 미국 일리노이 대학교 대학원에서 현대무용을 전공했으며, 마사 그레이엄 무용학교에서 그레이엄의 현대무용을 사사했다. 1962년에 국립중앙극장에서 개최된 제1회 육완순 귀국 무용 발표회에서 〈흑인영가〉와 〈공포〉, 〈마음의 파도〉 등을 발표하였고 미국의 현대무용을 한국에 처음으로 소개했다는 점에서 무용계의 주목을 끌었다.[103] 이후 육완순에 의해 미국식 현대무용이 유입되었고 본격적인 한국 현대무용의 시대가 열린다.

당시 서울 서라벌전문대학에도 무용학과가 있었으나 2년제 초급대학이었고 4년제 대학에서는 이화여대에서 처음 개설되었다.[104] 4년제 대학 무용학과 개설은 춤에 대한 잘못된 편견을 저지하는 효과뿐만 아니라 근본적으로 전문 춤꾼을 양성하고 배출하는 시작점이 되었다.

미국의 현대무용, 특히 '마사 그레이엄 테크닉'을 배우며 육완순의 맥을 이어 간 무용가로 하정애, 미나유(유정옥), 이숙재, 이정희, 최정자, 김복희, 김화숙, 박명숙, 박인숙, 정의숙, 남정호, 양정수, 김기인, 정귀인, 김영순, 황문숙, 조은미, 안신희 등이 있다. 육완순은 1963년 오케시스(Orchesis)무용단을 결성하여 활동하였다.[105] 이후 1975년, 현대무용의 산실로 작용한 한국컨템포러리무용단(1975~2015)이 조직되었으며, 이 무용단은 국내 최초의 동인단체로서 이화여대 무용과 대학원생 및 졸업생들로 구성되었다.[106]

1973년 국립극장이 개관(서울 장충동)한 데 이어 1977년 소극장 '공간사랑'(서울 원서동)이 개관했다. 공간사랑은 '현대무용의 밤'을 기획하였고 박명숙, 이정희, 남정호, 안신희, 안애순을 비롯한 수많은 현대무용가들이 공간사랑 무대에 올랐

다. 공간사랑이 주축이 된 춤예술의 대중화 시도로서 이루어진 소극장운동의 일환이었다. 현대무용협회(1980)가 발족된 곳도 공간사랑이었다.

이화여자대학교 체육대학에 무용학과가 개설된 후 여러 대학에서 무용과가 생겨났으며 육완순에 이은 현대무용 2세대들이 대거 부임했다.(1~4세대 도표참조) 부산대학교 하정애, 한양대학교 김복희(1975년 부임, 이하 괄호 안 부임 연도), 세종대학교 최청자(1978), 중앙대학교 이정희(1980), 경희대학교 박명숙(1981), 원광대학교 김화숙(1981), 한양대학교(안산) 이숙재(1984)가 있으며, 남정호는 경성대학교(1986)와 한국종합예술학교(1996)에 재직했다. 앞선 대학보다 늦게 무용학과가 개설된 한성대학교의 박인숙(1991), 성균관대학교의 정의숙(1990) 등이 부임하였다.[107] 육완순의 뒤를 잇는 이들이 대학에 몸담게 되어 신분 보장, 실습장 확보와 안정된 창작 환경을 갖추기 시작하면서 현대무용의 활성화가 이루어졌다.

춤의 기반이 확충되고 대학 무용학과가 연륜을 쌓아 감에 따라 졸업생들은 또 다른 모색을 한다. 대학 동문 단체 설립이 그중 하나다. 1975년에 '한국 컨템포러리 무용단'이 창단되면서부터 대학 동문 단체 차원의 정규적 활동을 시도하게 된다.

80년대 들어서면서 다수의 동문 단체가 설립되었다. 중앙에서는 한양대학교 가림다무용단(김복희, 1980), 밀물현대무용단(이숙재, 1984), 툇마루현대무용단(최청자, 1986), 서울현대무용단(박명숙, 1986)이 창단되었다. 지역에서는 부산의 현대무용단 자유(박은화, 1995), 전북의 사포무용단(김화숙, 1985), 대구의 소리댄스앙상블(김소라, 1987), 부산현대무용단(1987) 등 여러 대학의 동문 단체들이 출현하였다(괄호 안은 단체 예술감독, 설립 연도).[108]

대학의 교육 시스템 안에서 현대적 무용교육을 통해 다수의 신진 무용가들이 배출되기 시작했으며, 대학에 몸담으면서 창작 활동과 병행하여 후진을 양성하는

▲ 김복희 - 국화옆에서(1984) ©구본창

'겸업' 무용가들도 생겨났다. 당시 한국 현대무용계는 이화여대를 주축으로 이루어졌다고 해도 과언이 아닌데, 육완순으로부터 배운 첫 세대가 대학에 포진하였고 차세대 무용가들이 배출되기 시작했다.

이화여대의 경우 육완순이 1963년부터 1991년까지 재직하면서 후진을 양성하였으며 1978년 이후 제2세대 조은미, 제3세대 전미숙, 안애순, 김현남, 황미숙, 김원, 안은미, 이윤경, 장은정, 이연수 등 걸출한 제자들이 배출되었다.[109]

한양대의 경우 동 대학 졸업 이후 일찌감치 대학에 자리를 잡은 이들이 많았다.

▲ 김화숙 -마른 풀(1988)

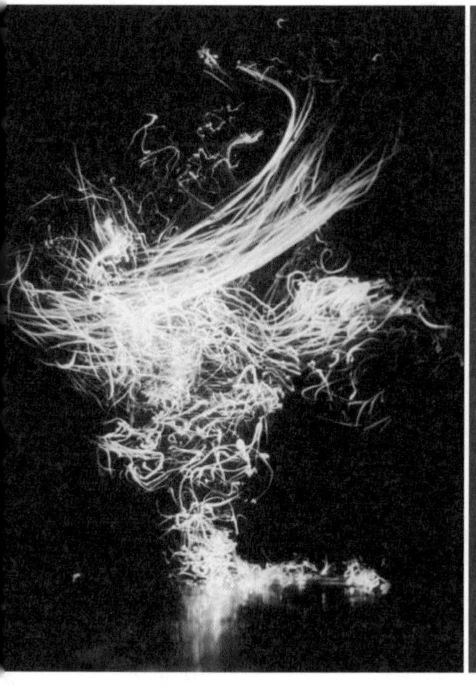

◀ 박은화-Tuning-111 (2001) ©최영모

▶ 양정수 -촛불의 눈(1993)

김복희의 제자 정숙경(인천전문대), 김신일(공주대), 오문자(원광대), 손관중(한양대), 최상철(중앙대), 서은정(대전대), 이정연(용인대)이 교수로 부임해 후진 양성에 힘을 기울였다.

경희대학교는 박명숙의 제자로 최성옥(충남대), 김영미(경희대)가 있으며 중앙대학교는 이정희의 제자로 박은화(부산대), 김제영(백석대), 이태상(신라대)이 있다.

세종대학교 무용과도 많은 '교수 무용가'를 배출했다. 세종대의 전신(前身)인 수도여자사범대학을 나와 1978년 세종대학교 무용과에 부임한 최청자는 70년대 후반 영국 런던대학교 라반센터에서 수학한 후 한국 현대무용계에 영국식의 새

로운 춤 언어를 도입해 커다란 자극을 불러일으켰다. 대학 교수 제자로는 안병순(순천향대학교), 김태훈(창원대학교), 김형남(세종대학교), 김경신(공주대학교)이 있다.

부임한 시기에 따라 제자들의 대학가 진출에도 차이가 나는 것을 알 수 있다. 1960년대 대학의 무용과 개설 이후 현대무용은 대학의 '아카데믹한' 환경에서 스승과 제자가 계보의 맥을 이어 갔다. 대학은 선후배 사이에 무용 전반에 걸쳐 서로 교류하는 장이며, 그러한 교류를 통해 창작 여건이 마련되어 춤 창작에 안정된 양상을 보이게 된다.[110]

그로부터 약 20년이 지나고 대학 무용과 간에 기량을 겨루고 신진 무용가들을 선별하는 경연대회가 생겨나기 시작했다. 그중 전국대학무용경연대회는 1982년 제1회를 시작으로 현재까지 매년 청주에서 개최되고 있다. 신진 춤꾼의 등용문으로 불리는 이 대회는 대학생을 대상으로 하는 유일한 무용 경연대회로서 전공자들이 실력과 창작력을 포함하여 기량을 겨룬다.

이 대회의 핵심은 아카데믹한 정신에 기반한 창작력에 있다. 현대무용 부문에서 김원(1회), 안은미, 손관중, 김성한, 류석훈등이 1위 수상을 했다. 현대무용은 한국무용처럼 오랜 기간 동안 한 작품을 배우지는 않는다. 즉 〈살풀이춤〉, 〈태평무〉, 〈승무〉 같은 춤을 오래 추지 않는다는 뜻이다. 몸짓의 언어도 자기 것을 개발해야 한다. 특히 전국대학무용경연대회는 지역에서 활동하는 안무가이자 춤꾼들이 중앙 무대에서 활동하는 계기가 되었다.

1987년 들어 남성무용단 '마다(Mens Arts Dance Association)'는 한승수, 손관중, 김승근, 홍승엽 안정준 박용욱에 의해 결성되어 현대무용을 주축으로 문예회관(현 아르코예술극장)(1회), 창무춤터(2회)에 오르며 활동한바있다.

또한 출신 학교를 떠나 한 안무가와 스승과 제자 관계를 형성하기도 하는데, 김

성한과 류석훈을 꼽을 수 있다. 류석훈은 1989년 탐 현대무용단의 객원으로 활동한 후 1995년 육완순의 〈수퍼스타 예수 그리스도〉(초연 1973)에서 빌라도 역을, 2002년 유다 역을 맡았다. 김성한은 1993년 탐 현대무용단 객원으로 활동함과 동시에 육완순의 〈수퍼스타 예수 그리스도〉에서 유다역으로 출연한 인연이 있다. 두 사람 모두 작품에 출연하면서 육완순의 가르침을 받았다. 김성한은 ㈔한국현대무용진흥회가 주최하고 육완순 추모사업단이 주관하는 故 육완순 추모 1주년 공연 〈육완순, 그녀에게〉(2022)에서 영상기술 총감독을 맡은 바 있다.

1990년대 예술계에서 특징적인 사건은 한국예술종합학교 개교다. 예술에 심화된 전문교육을 통해 역량 있는 예술인을 양성하는 것을 목표로 미국 줄리어드를 참고하여 1991년 국립 고등교육기관으로 설립되었다(1998년 정부조직법 개정으로 소관 부처가 교육부에서 문화체육관광부로 변경됨). 무용원 아래 실기과와 이론과로 크게 구분된 학과 중 이화여대 제1회 졸업생 미나 유(유정옥)가 1991년 초대 실기과 교수로 부임하였다.[111] 한국예술종합학교(이하 한예종)는 학기마다 세계 춤 현장에서 활동하는 외국인 안무가를 초빙교수로 초청하거나 방학 중 마스터 클래스를 통하여 국제적 감각과 사고를 겸비한 안무가를 위한 교육 프로그램을 운영하고 있다.

한국예술종합학교의 개교로 다양한 안무가들이 배출되었는데 그 가운데 1996년 제1회 입학생이었던 신창호는 스위스 장크트갈렌 극장 무용단 단원으로 활동하였다. 그는 2001년 LDP 창단 멤버로 〈No Comment〉를 발표하며 큰 반향을 일으켰고 2013년 한예종 현대무용 교수로 부임했다. 김영진은 한예종을 나와 2020년 3월 숙명여자대학교 교수로 부임했다. 크리에이터 그룹 '무버(Mover)'의 김설진은 '백업댄서'로 활동하다 뒤늦게 대학에 들어간 경우다.

▲ 김원-시간의 흐름을 기억하다 (2016) ©김주빈

▼ 박인숙-마리아콤플렉스 (2015) ©최영모

▲ 이연수-Drawing(2017) ©류상수

▲ 전미숙-58년생 개띠 (1993) ©최영모

▼ 김영순-Eternal Now (2014) ©Paula Lobo

▲ 이윤경-춤 고백 (2013) ©손관중

▲ 최상철-그들의 논쟁(2023) ©옥상훈

▼ 안병순 손-짓(2004) ©이병주

▲ 김영미- Electronic garden(2022) ©손관중

▼ 김형남-찔레꽃 (2024) ©옥상훈

▲ 최성옥-눈꽃(1997) ©안무자제공

▲ 이해준-트라우마3.0 (2023) ©한필름

▼ 슈퍼스타 예수 그리스도 '호산나' ©김찬복

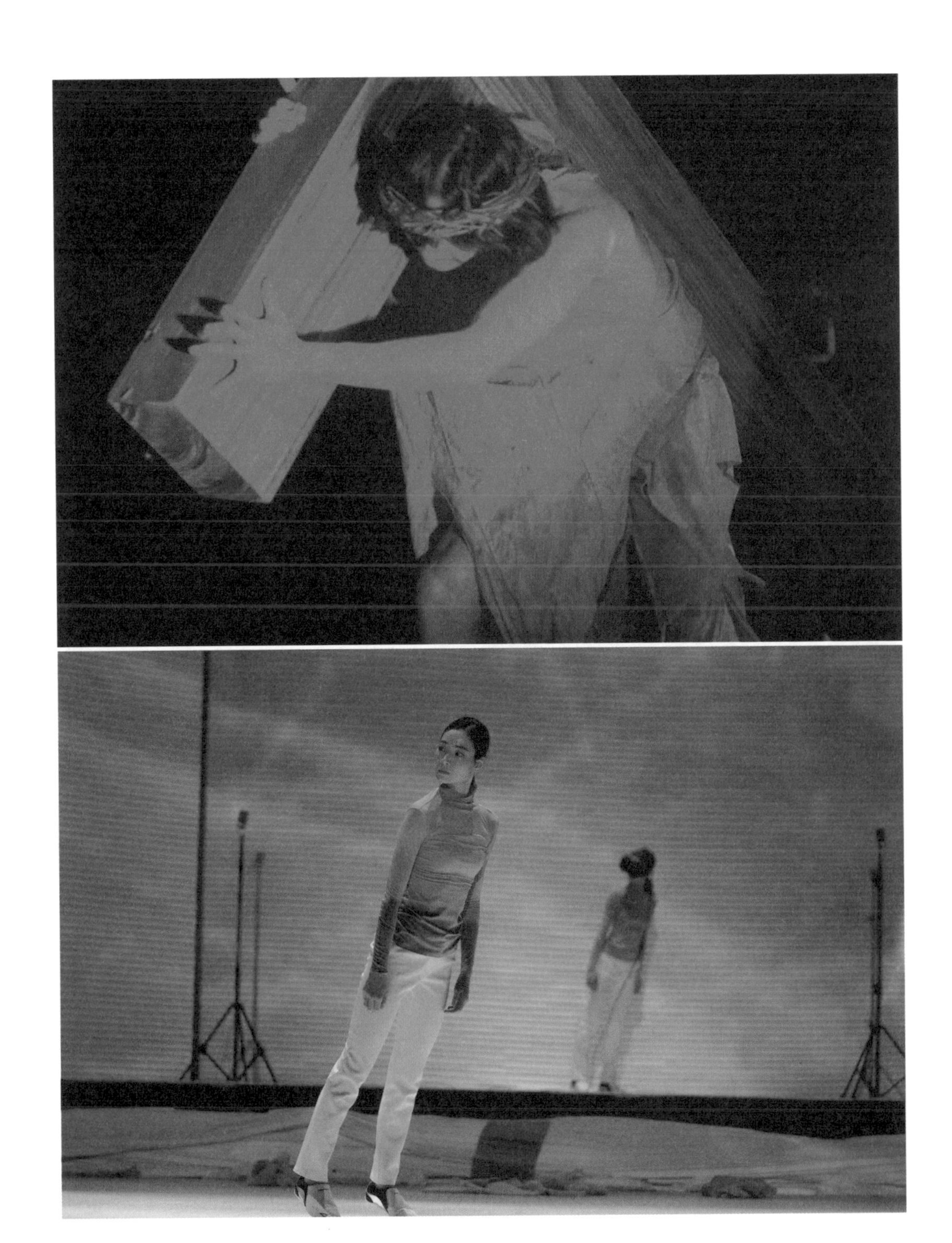

▲ 육완순-슈퍼스타 예수그리스도[최두혁] ©안무자제공

▼ 신창호-MaN Made [박혜지,이요음] ©BAKI

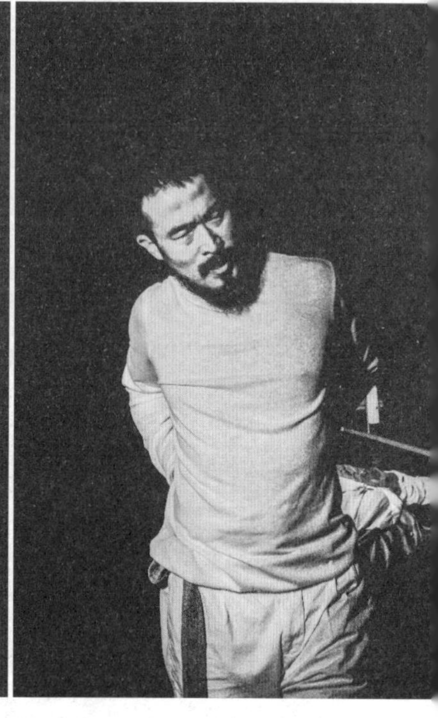

▲ 홍신자-제례

▼ 예효승-반려선언 (2020) ©손관중

서울예대에서 김기인(1953~2010) 교수에게 사사한 그는 한예종에서 안성수 교수를 사사했으며 안성수 픽업그룹, 피핑톰 무용단(벨기에)에서 활동했다.

소수이지만 해외 유학으로 입지를 다진 무용가도 있다. 1966년 미국으로 간 홍신자(1943~)는 컬럼비아대학교 무용과 석사학위를 받은 후 28세라는 늦은 나이에 데뷔하였고 〈제례〉로 《뉴욕타임스》의 호평을 받았다. 그 작품을 1973년 국내에서 처음 발표하였고, 1985년 두 번째 내한 공연을 호암아트홀에서 올렸다. 국내에서는 거의 최초로 아방가르드적 춤을 선보였다.

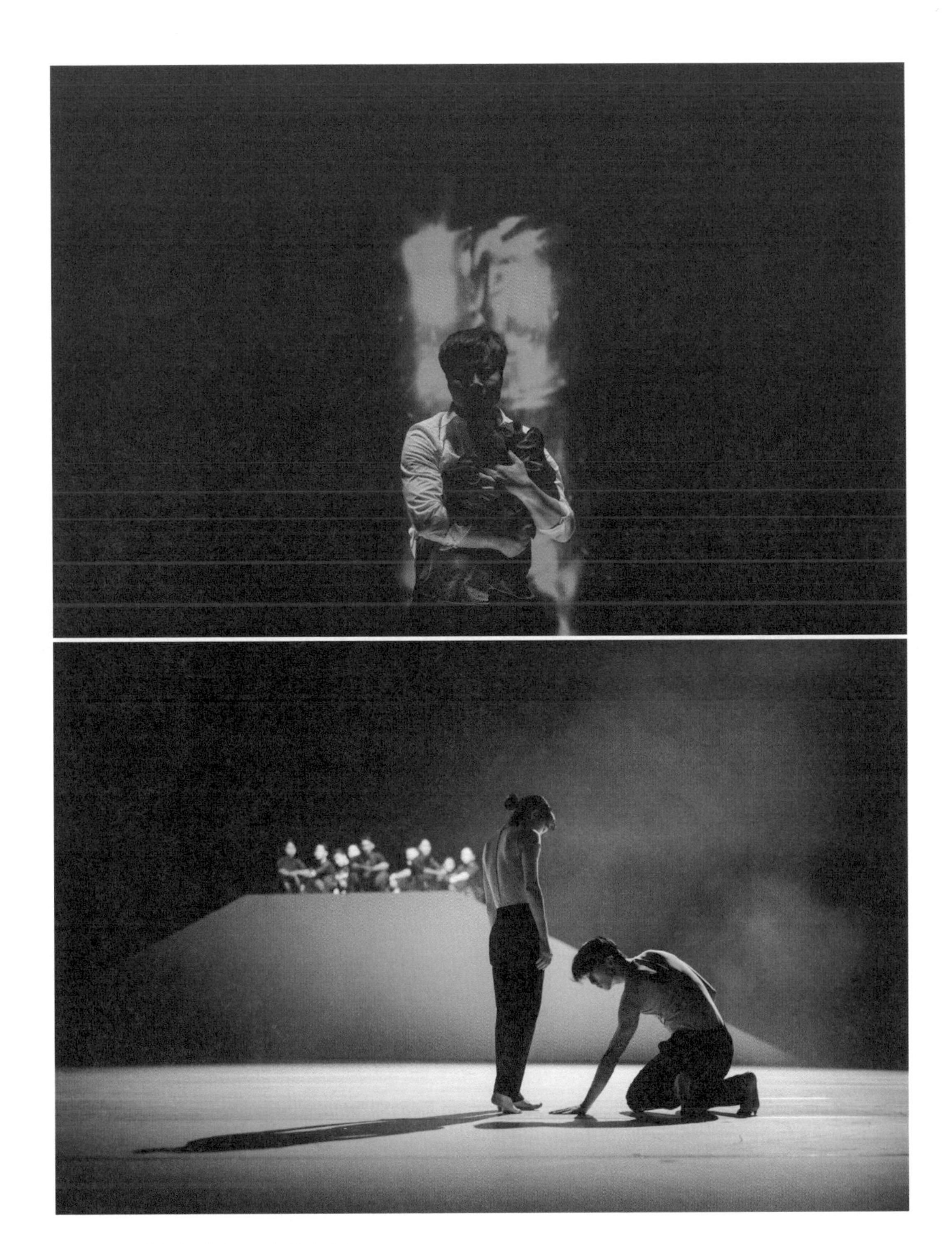

▲ 김남진-씻김(2016) ©옥상훈

▼ 김영진-이너그루밍 Inner Grooming(2022) ©양동만

▲ 김경신-언플러그드 바디즈(Unplugged Bodies)(2018) ©LWS

▲ 금배섭-닮아가는 (2023) ©손관중

▲ 정재혁 -놀음 Hang Out(2019) ©안무자제공

▼ 안애순 -불쌍(2017) ©최영모

▲ 차진엽-원형하는 몸(2022)@ Will Slabaugh

▲ 김성한 인형의집Part2-세컨드네이처댄스컴퍼니 ©정유석

▼ 박호빈-시간속 음영(2021)©손관중

▲ 강경모-기다려요(2017) ©이현준

▲ 김나이-One(2014) ⓒ조하영

▼ 홍승엽-데자뷰(2000) ⓒ최영모

▲ 김성용-정글(2024) 국립현대무용단 ©황인모

▼ 최문석-Grenz, lead Daegu(2023) 대구시립무용단©한필름

▲ 안성수-장미- 봄의제전(2009) ©안무자제공

국립발레단 수석무용수였던 박일규는 뉴욕대(NYU) 예술대학원에서 석사 학위를 받았으며 현대무용으로 바꾸었고, 한양대학교 조승미제자인 서울기독대학교 교수 최윤선은 발레콩쿠르에서 상을 받아 뉴욕대(NYU)로 유학 갔다가 현대무용으로 바꾼 케이스이다. 줄리어드 무용원을 졸업한 안성수는 미국 발레란돌프(Ballet Randolph) 단원을 거쳐 조프리발레단Ⅱ, 줄리어드댄스앙상블 더야드, 트렌지션댄스컴퍼니 등에서 객원안무가로 활동했으며, 현재 한예종 무용원 교수이자 안성수 픽업그룹 예술감독으로서 후학 양성과 창작을 병행하고 있다.

안은미는 이화여대와 동 대학원을 마치고 유학을 떠나 9년 동안 미국에 체류하며 뉴욕대(NYU) 티시예술대학을 졸업한 이후 왕성한 작품 활동을 했다. 대표적으로 '달 시리즈' 솔로 공연을 뉴욕 머스 커닝햄 스튜디오에서 보여 주었고 현지 댄서들과 함께 〈무지개 다방〉을 조이스 소호 극장(JOYCE Soho Theater) 무대에 올렸다. 현재 안은미컴퍼니를 이끌고 있다.

2000년대 들어 현대무용계에서 무용인의 활동 양상에 다소 변화가 일어났다. 예술인을 위한 지원이 정책적으로 이루어지면서 지원금을 받아 유명 무용단 레지던스에 참가하거나 공모전에서 입상한 경우 해외 무용제 참여 기회가 부상으로 주어지거나 오디션을 통해 개인 스스로 해외 진출을 꾀하는 사례가 점차 늘어나면서 독립안무가들의 활동이 두드러지기 시작했다.[112]

그들은 국내 경연과 페스티벌을 통해 존재감을 드러냈다. 대한민국무용제(전: 서울무용제), 국제현대무용제(MODAFE, ㈔한국현대무용협회 주최, 1982), 서울국제안무페스티벌(SCF, 한국현대무용진흥회 주최, 1992), 서울세계무용축제(SIDance, 유네스코 국제무용협회 한국 본부 주최, 1998), 서울국제공연예술제(SPAF, 현재 재단법인 예술경영지원센터, 국립극장, 국립정동극장 공동주최,

▲ 최윤선-회상(1990) 뉴욕니콜라스&루이스코리오스페이스극장

2001) 같은 대회에 주로 참가하며 실력을 발휘했다.

김영진(2022), 하지혜(2022), 김경신(2023), 시나브로 가슴에(이재영과 권혁, 2021), 예효승(2015), 김성훈(이상 SCF), 트러스트무용단과 김재덕(2013), 이윤경(2014), 박순호(2017), 차진엽(2017, 콜레티브A)(이상 SIDance), 강경모(지구댄스시어터, 2007), 정석순(2022), 김재덕(2024)(이상 MODAFE), 최진한(2015), 고블린파티(2015), 권령은(2015), 금배섭(2018)(이상 SPAF), 이경은, 신영준 등이 각 대회에서 작품을 발표하고 해외 진출을 이루었다. 이들 중 고블린파티는 전 멤버가 안무자로 구성된 단체다. 이들 독립안무가들은 대체로 30대 후반

에서 40대로 현재 한국 현대무용의 중심에서 활동하고 있다(1~4세대 도표 참조).

독립안무가들을 포함한 젊은 현대무용가들은 장르 간 경계를 허물어 활동의 폭을 넓히고 있다. 그 가운데 류장현은 2008년 국립무용단(당시 예술감독 배정혜)의 대표 레퍼토리 '코리아 환타지'의 세 번째 시리즈 〈밀레니엄 로드〉에 최연소 객원 안무가로 참가했으며, 그 뒤 국립무용단 〈칼 위에서〉(2016)를 안무했다. 2016년 LDP 정기공연 〈나는 애매하지 않습니까〉의 안무가로 공식 데뷔한 안남근은 서울대미술관에서 〈내 이름은 의자〉(2019)로 미술관 속 춤을 선보였다. 이 작품은 개를 모티브로 만들어졌으며 공연 장소에서 전시된 특별한 의자(앉을 수 있는 의자 2019. 1. 10.~2. 24.)를 배경으로 사용하였고, 《스테이지 파이터》(2024. 9. 24.~11. 26.)에서는 〈기생충〉 안무로 참여했다.

해외에서 활동하는 한국의 현대무용가들도 빼놓을 수 없다. 재미 무용가 김영순은 1977년 미국 뉴욕으로 건너가 작품을 발표하는 한편 뉴욕을 대표하는 5개 무용 축제 중 하나인 '덤보(DUMBO) 댄스 페스티벌'을 2001년부터 개최해 오고 있다. 재불 무용가 남영호(남정호의 동생)는 이화여대 졸업 후 프랑스로 건너가 파리 5대학을 수료하고 몽펠리에에 정착해 현재 남영호 무용단을 이끌고 있다.

이들보다 젊은 세대인 허성임은 한성대 졸업 후 2006년 벨기에로 건너가 여러 무용단을 거쳐 2009년부터 2019년까지 니드 컴퍼니(벨기에)에서 춤꾼으로 활동했고, 이후 자신의 무용단인 허 프로젝트를 이끌며 유럽과 한국을 오가며 활동하고 있다. 이선아는 안무작 〈파동〉(2015)을 프랑스 안무가 조제트 바이즈에게 전수하는 등 프랑스에서 활발하게 활동하고 있다.

재독 무용가 김윤정은 2000년 독일에서 YJK 댄스 프로젝트를 창단하여 한국과 독일을 오가며 작품 활동을 하고 있다. 김나영은 세종대 무용과 재학중 독일

▲ 마사 그레이엄-Deep Song 1937년작[안소영]국제공연예술프로젝트(2024) ⓒ박상윤

로 유학을 떠나 폴크방 무용학교를 졸업하고, 현재 부퍼탈 탄츠테아터 무용단원으로 20여 년간 활동 중이다. 경성대에서 한국무용을 전공한 양종예(본명 양윤선)는 2009년 일본으로 건너가 부토를 배워 춤꾼으로서 안무가로서 활동하고 있다. 현재 다이라쿠다칸 컴퍼니 단원이다. 2006년 국립발레단을 퇴사하고 마사 그레이엄무용단에 입단한 안소영은 고국에서 제21회 '한국을 빛내는 해외무용스타 초청

공연'(국제공연예술프로젝트)을 통해 마사 그레이엄 작품을 선보였다. 김판선은 2004년 장 클로드 갈로타에게 발탁되며 주목을 끌었으며, 프랑스의 엠마누엘 갓(Emanuel Gat) 단원으로 10년 이상 활동을 벌여 왔고 현재 한국에 귀국해 있다.

국공립 현대무용 단체를 살펴보면, 대구시립무용단이 가장 먼저 창단되었다. 1981년 창단된 이래 초대 단장 김기전(1981~1988)을 시작으로 2대 구본숙(1988~2000), 3대 안은미(2000~2004), 4대 최두혁(2004~2009), 5대 박현옥(2009~2014), 6대 홍승엽(2014~2017), 7대 김성용(2017~2022), 8대 안무가 최문석(2023~2024 현재)이 이끌고 있다.

그 뒤를 이어 2010년 창단된 국립현대무용단은 국내 유일의 국립 현대무용 단체이며 단체장 임기는 3년이다. 1대 단장 겸 예술감독 홍승엽(2010년 7월 28일)(이하 괄호 안 임명일), 2대 안애순(2013년 7월 28일), 3대 안성수(2016년 12월 1일), 4대 남정호(2020년 2월 17일)에 이어 2023년 5대 단장 겸 예술감독으로 김성용(2023년 5월 11일)이 취임했다.

한국무용의 계보가 국가무형문화유산으로 지정된 예능보유자를 중심으로 류와 파를 형성했다면, 현대무용은 대학을 중심으로 성장해 나갔다.[113] 그에 따라 한국 현대무용 계보도는 출신 대학을 중심으로 그려 나갔다. 대학을 떠나 개인적으로 스승과 제자 관계를 맺고 있는 경우가 많은데, 그것은 개별 인물 활동에 남겨 두기로 한다.

2025년을 기준으로 기록된 계보도는 연령대를 40대 이상으로 기록하였고, 현재 활동하지 않아도 활동 당시 주목할 만한 인물은 계보도에 포함하였다.

2 한국 현대무용의 세대 구분

한국 현대무용의 세대 구분	
신무용 (New dance)	조택원, 최승희, 조용자, 김상규, 정막(정순영), 강홍식
	현대무용가집단–함귀봉, 장추화, 김막인, 정동방, 조용우, 조익환, 박용호, 구원빈 등 〈1949년 5월 1일, 동아일보〉, 〈1953년 4월, 동아일보〉
1세대	박외선 육완순
2세대	임혜자, 홍신자, 미나유(유정옥), 이숙재, 이정희, 김복희, 김화숙, 박명숙, 최청자, 남정호, 양정수, 박일규, 정의숙, 김영순, 김기인, 정귀인, 조은미, 류분순, 안신희, 장정윤
3세대	배혜령, 전미숙, 박은화, 오문자, 안애순, 김현남, 손관중, 안성수, 김소라, 홍승엽, 황미숙, 조성희, 방희선, 반주은, 김원, 최상철, 안은미, 안병순, 이윤경, 최성옥, 최혜정, 장은정, 이연수
4세대	최두혁, 김영미, 박호빈, 김성한, 한창호, 도유, 김윤규, 서은정, 강경모, 류석훈, 김남식, 이정연, 박은성, 이경은, 김형남, 김태훈, 조양희, 김수정, 이혜원, 마승연, 예효승, 김성용, 신창호, 노정식, 차진엽, 김영진, 이선아, 정연수, 최문석, 김판선, 박순호, 안영준, 허성임, 김보람, 정재혁(정현진), 이동규, 김경신, 정석순, 김보라, 김재덕, 최수진, 안남근, 이윤희, 신영준, 지경민, 임준호, 안수영, 이경구, 금배섭, 김수정, 김설진, 밝넝쿨, 박종현, 이지희, 박근태, 정미영, 문은아, 전혁진

한국 현대무용 활동별 구분		
현대무용 협동조합	〈현대무용협동조합-2017〉 오 마이 라이프-밝넝쿨 EDx2-이인수 앰비규어스-김보람, 장경민 고블린파티-지경민	세컨드네이쳐-김성한 트러스트-김형희,김운규 파사무용단-황미숙 로댄스-노정식
동인제적 집단	고블린파티(지경민, 임진호, 이경구) 고스트(류진욱,김혜윤) 노네임소수(최영현) 두아코댄스컴퍼니(김광민,정진우,육하윤) 류장현과친구들(류장현) 리케이댄스(이경은, 박준영, 강승현, 김영은, 정범관) 모던테이블(김재덕, 이정인, 김남훈, 정철한) 모든컴퍼니(김범호) 모므로살롱(이가영, 안겸, 서보권) 무버(김설진, 김기수, 김봉수, 서일영) 멜랑콜리(정철인, 류지수, 김윤헌, 문경재) 브레이브맨(정재우, 정민수)	시나브로(이재영, 권혁) 아하무브먼트(하지혜) 안은미컴퍼니(안은미) 앰비규어스(김보람, 서보권, 신재희, 공지수) 춤판야무(금배섭) 컴퍼니주목댄스(정훈목) 화이트큐브(정선태, 정수홍) Art Project BORA(김보라, 이미진) 제로포인트모션(박호빈) 그라운드제로(전혁진) Blue Poet D.T(예효승) 콜렉티브 A(차진엽) PDPC(안영준) Tan Tanta(최진한)
독자적 활동	황미숙, 장은정, 김남진, 문지애, 박나훈, 박종현, 이준욱, 이윤희, 최수진, 정수동, 김성훈, 안남근, 황수현, 권령은, 신영준, 이지희, 오윤겸, 최재혁, 박관정	
해외 활동	김영순,안소영(미국), 남영호(프랑스), 이선아(프랑스), 양종예(일본), 허성임(벨기에, 영국), 김윤정,김나영,정혜민(독일), 길현아(캐나다), 김수정(이스라엘), 김판선(프랑스-현재 귀국)	

한국 현대무용 대학 동문 단체	
강원대	현) [조성희]아하댄스씨어터(1999)
공주대	[김신일]코스모폴리탄(1983) / 현) [김경신]모션크리에이티브(2021) [김경신]언플러그드 바디즈(2014)(개인단체)
경희대	현) [박명숙]서울현대무용단(1986)–류형준
국민대	현) [강경모] 두아코댄스컴퍼니(2016)
동아대	[장정윤] 로고현대무용단(1990)
대구효성가톨릭	[김소라]소라댄스 앙상블(1987)
부산경성대	[남정호]ZUM현대무용단(1986~1996)
부산대	현) 부산현대무용단(1987) / [박은화]현대무용단 자유(1995)
부산여대	현) 트러스트 무용단 (1995)–김형희
성균관대	현) [정의숙]아지드 현대무용단(1999) / [김나이]김나이무브먼트컬렉티브(2014)(개인단체)
세종대	현) [최청자]툇마루 현대무용단(1986)–이동하
신라대	현) [김형희]하야로비무용단(1985)–정기정
서울예대	동랑댄스 앙상블(1986)
숭의여대	[김양근]가리온 현대무용단(1992)
숙명여대	[정옥조]나는 새 현대무용단(1988) [김영진]System on Public Eye(2023)(개인단체)
원광대	현)[김화숙]사포무용단(1985)–김남선 [오문자]알타비아현대무용단(1996)
이화여대	[육완순]컨템포러리무용단(1975) 현) [조은미]탐(1980)–마승연
조선대	현) [양정수]광주현대무용단(1990)–임지형
중앙대학교	[이정희]푸름현대무용단(1984) 현) [최상철]C2dance(2017)–김정훈
충남대학교	현) [최성옥]메타댄스 프로젝트(2001)–곽영은

창원대	현) [김태훈] 훈댄스컴퍼니(1995)–김현주
한국예술종합	현) [신창호]LDP(2001)–윤나라
한성대학교	[박인숙]지구댄스시어터(1994) / [정석순]Project S(2009)(개인단체)
한양대(서울)	현) [김복희]가림다현대무용단(1980)–최재혁
한양대(안산)	현) [이숙재]밀물현대무용단(1984)–최은지
용인대	[황문숙]미르현대무용단(1980) [이정연]이정연댄스프로젝트(개인단체)

1970~90년대까지 설립된 대학 무용학과는 전국 43개에 이르렀으며 동문 무용단체를 만들어 활발히 활동하였다. 2024년 40년이 지나며 많은 무용학과들이 폐과되거나 지도교수들이 교체되면서 동문 무용단체는 맞물려 해체되거나 새롭게 바뀌어 나가고 있다.

▲ 정의숙아지드현대무용단- 윤이상을 만나다(2013) ©김주빈

▼ 김태훈-훈댄스컴퍼니 Maybe will see (2022) ©한필름

3 한국 예술고등학교의 흐름[114]

대한민국의 예술고등학교(이하 예술고)는 60여 년이라는 역사를 가지고 있다. 정치적 상황과 사회문화적 배경, 예술고가 속한 교육정책에 따른 교육개혁의 영향을 받으며 발전되어 왔다.[115] 현재 전국적으로 24개의 무용 예술고가 운영되고 있으며 순수 무용예술은 한국무용, 현대무용, 발레를 포함한 예술교육이며 대중 무용예술은 실용무용으로 댄스스포츠, 밸리댄스, 스트리트댄스, 방송댄스 등을 포함한다.

한국 최초로 설립된 예술고는 서울예술고등학교로, 1953년 6 · 25전쟁 휴전 직전 부산에서 개교했다(이화예술고등학교에서 교명 변경). 초기에는 일반계 고등학교의 교육 과정을 따라 오전에는 일반 교과목을 이수하고 오후에는 과별 전공 무용 실기를 연마하면서 운영되었다.[116] 발레에서 임성남(초대 국립발레단 단장)이 강사로 재직하기도 했다.

1960년 국악예고가 두 번째 예술고로 설립되었고(2008년 국립화되어 국립전통예술중고등학교로 교명 변경), 한국무용에서 한영숙(국가무형문화재 승무, 학무 전 예능보유자) 등이 출강하였다. 그 당시 스승과의 연계를 위해 지역의 학생들이 서울로 모여들었다.[117]

이어 1960년대에 경북예고(1965), 안양예고(1967)가 문을 열었다. 경북예고 설

립 이후 대구는 대구 · 경북 지역에서 현대무용의 메카가 되었다. 안양예고는 안양영화예술학교로 출발하여 2000년 현재 교명으로 변경되었으며 경기 · 남부권의 유일한 예고로 입지를 굳혔다.

1970년대는 국립국악고등학교와 선화예술학교가 문을 열었다. 1955년 국립국악원 부설 국악사 양성소로 개교한 국립국악고는 1972년 학교를 개편했고 현 교명으로 변경되었다. 1974년 리틀엔젤스 예술학교로 개교(중학교 과정)한 선화예고는 1977년 현 교명으로 변경되었다.

교육부의 지침 아래 당시 예술고는 심화된 예술전공과목을 교육시킬 수 있게 허용되었고 예술고는 독립된 학교로서 행정 체제를 갖추며 무용의 예술 활동이 눈부시게 전개되었다.

한편, 무용 전공자들이 체육 과목 교사자격증을 취득함으로써 무용 교사로 배출되면서 고등학교에 부임하여 인문계 고등학교에서도 무용 실기 수업을 지도할 수 있게 되었다. 경기여고, 숙명여고, 영파여고, 대구 경북사범고, 광주 수피아여고 등 비롯한 다수 인문계 고등학교에서 실기 수업을 지도받은 무용과 입시생들이 대학 무용과에 진학하는 수가 점차 늘어났으며 이는 전문 무용인을 키워 내는 발판이 되었다.[118]

무용 공연 횟수가 2,000회를 넘어선 80년대는 계원예고(1980)를 비롯한 4개 예고가 문을 열었다. 90년대에는 경남예고(1990)를 비롯한 9개 예고가 설립되었으며(표 참조), 특히 1992년 '춤의 해'를 기점으로 예술고가 전국적으로 눈에 띄게 증가했다.

1980년 '7 · 30 교육개혁 방안'에 따라 예술고는 예술고만을 위한 최초의 교육과정의 기준을 마련하였다. 예를 들어, 대전예고는 2002년 '남자무용수 특별전형'을 실시하여 전국 예고 중 남성 무용수를 가장 많이 배출한 학교가 되었다(정석

▲ 정석순 -Prayer(2023) ©김정환

▼ 안남근 -내 이름은 의자(2019) ©서울대미술관제공

순, 안남근, 고동훈 등).

2000년대에 들어오면서 한류와 케이팝(K-pop)의 영향으로 대중예술을 포함하는 예술고가 다수 생겨났고 정통 위주의 예술고에서도 대중예술을 강화하는 운영이 나타났다. 한림연예고(2000)는 실용무용만으로 문을 열었고 강원예고(2001)를 비롯해 세종예고(2018)까지 6개교가 문을 열어 매년 많은 졸업생을 배출하고 있다.

한편, 무용 경연을 소재로 한 방송 프로그램 〈댄싱 9〉(2013년 시리즈 시작), 〈스트릿 우먼 파이터〉(2021년 시리즈 시작), 〈스테이지 파이터〉(2024년) 등에 대한 관심은 현대무용에 대한 관심으로 이어져 무용 공연 관람객 수가 증가하는 현상이 나타나고 있다.

무용예술 전공생들은 대학 입시를 준비할 때는 발레, 한국무용, 현대무용 중 하나를 전공으로 선택하더라도 나머지 타전공도 배워야 한다. 발레와 한국무용은 기본 틀이 분명한 데 비해 현대무용은 기준 동작이 자유로워 모호하다. 대학에 무용과가 생기면서 예술고가 확장되었으며 점차 자유분방한 움직임의 매료된 예술고의 현대무용 지원자가 늘어났다.[119]

80년대 현대무용 입시생은 지원 대학 교수의 춤 스타일(풍風: 육완순, 김복희, 최청자, 이정희, 박명숙 등)에 맞춰 실기 연습을 해야 했다. 그 스타일을 미리 배우지 않으면 대학 입학 후에도 동작적인 면에서 생소함을 느끼기 때문이다. 특정 교수의 스타일을 배운다는 점에서는 한국무용도 크게 다르지 않다.

현재 현대무용은 프로젝트 개념이다. 이러한 경향은 1990년대 해외 진출이 자유로워지며 세계로 무용수들이 진출하면서 조금씩 달라졌다. 일례로 저자(이찬주)는 『세계를 누비는 춤예술가』에서 인터뷰한 세계적인 현대무용단 세드라베(벨기에) 단원으로 활동한 예효승에 따르면, 안무가 중심으로 운영되는 무용단 성향에 따라 주제에 적합한 안무가 채택되면 그 움직임을 모두 따라 해야 한다는 것이다.[120]

이러한 현대무용의 개성과 창의성을 존중하는 성향이 입시에도 이어져 학생들 자체의 자유로운 스타일이 선호되고 있다. 그것은 세계 현대무용계의 흐름이며 한국의 예술고도 그러한 흐름 속에서 미래의 무용인을 키워 내는 밑거름이 되고 있다.[121]

이는 현대무용이 자신만의 스타일로 내세우는 고정 단체가 아니라 프로젝트로 움직이는 활동이기에 가능하다. 세계적인 추세 속에서 서양에 비해 시기적으로 늦게 출발했지만 이제는 한국 현대무용도 세계와 나란히 발전하고 있음을 증명하는 것이다.[122]

▲ 전미숙-Nobody talk to me(2016) [고동훈, 장회원] ©세종국제무용제 제공

강원예고 현)이숙	2001.03.01.
경북예고 전)김동우현)이진우	1964.12.18.
계원예고 현)최혜정	1980.01.24.
고양예고 현)이대건	2005.10.12.
광주예고 전)박점현현)추승현	1982.12.08.
국립국악고 〈강사-정록이, 문지애, 정한별〉	(한국무용)-1955.04.01.
국립전통예고 〈강사-최은지, 이홍〉	1960.05.13.
김천예고	(국악무용)-1985.12.30.
대전예고 전)한은경 현)윤석태	1992.03.07.
덕원예고 현)이현숙	1991.11.07.
부산예고 현)송미란	1985.12.30.
브니엘예고 현)박주현	1998.09.19.
서울공연예고	(실용무용)-2008 예술계특목고 승인
서울예고 현)이혜원	1953.03.21
선화예고 전)임샛별 현)임선영	1974.12.01.
세종예고	공연예술과무용커리큘럼2018.03.01.
안양예고 현)백주미	1967.03.01.
울산예고 현)임연희,조혜린	1993.01.18.
인천예고 현)어진영	1998.03.01.
전남예고	무용연기과-한국무용-1989.01.30.
전주예고 현)황희선	공연예술과-무용전공-1992.06.10.
충남예고 전)신용선 현)최윤영	1996.07.19.
충북예고 현)박정미	1993.03.05.
한림예고	(실용무용과)-2009. 03

Chapter 5.

현대무용의 외적 경향

춤은 이제 극장 공간을 뛰어넘어 공연 장소의 파괴를 꾀하고 있다. 사이트-스페시픽 댄스와 콜라보레이션이 그 예이다. 특정 장소에서 구현되는 춤을 의미하는 사이트-스페시픽 댄스는 현대사회에서 요구되는 관객의 욕구를 충족시키고, 새로운 감성을 불어넣으며 공연자와 관객의 공감을 얻어 내어 관객층 저변 확대와 공연 활성화를 위한 하나의 방향성을 제시하고 있다.

그런가 하면, 미술관에서 춤 영상이 상영되기도 하고, 춤을 테마로 한 다양한 작품들이 미술관이라는 공간에서 실연되고 있다.[148] 바로 '콜라보레이션'이다. 현대무용은 콜라보레이션을 통해 무대와 객석의 경계를 허물어 나가기도 하고, 서로 다른 두 예술체가 만나 각자의 예술과 유기적으로 결합해 시너지 효과를 내기도 한다.

이 장에서는 현대무용과 대중이 만나 적극적으로 교감하는 관객 참여 예술로서 사이트-스페시픽 댄스와 콜라보레이션을 만나 본다.

1 사이트-스페시픽 댄스[123]

사이트-스페시픽 댄스(Site-Specific Dance)란 특정 장소에서 구현되는 춤으로, 특정한 위치 또는 특정한 공간에서 영감을 얻어 만드는 작품 유형을 말한다.[124] 특정한 위치란 예술가가 선택한 것으로, 작품에 영향을 미치는 배경의 건물 또는 걸어가는 행인, 지나가는 자동차, 분수대, 지하철역 등 모든 것이 포함된다. 예술가가 어떠한 내용을 작품에 넣고 만들지를 결정하고, 이에 따라 작품이 탄생한다. 어떻게 보면 퍼포먼스 개념의 한 진화라고도 할 수 있다.[125]

퍼포먼스(Performance)를 잠시 살펴보면 신체를 이용하여 표현하는 행위로서 1960년대에 미술가의 비연극적 행위에 의한 표현 형식이 생겼고, 그에 대한 해프닝이란 명칭이 붙었다. 해프닝과 퍼포먼스는 20세기 초반부터 예술가에 부여된 중요성이 점차 증가된 것과도 관련 있다. 이는 특히 작품의 개념을 정의하는 데 있어 중대한 역할을 하게 된다. 예술을 행사하는 데 있어 작가의 존재 역시 필수적인 요소는 아니며, 그 역할은 관중이나 대중 혹은 우연히 개입된 사람들이 예술적 행위의 주체로서 활약할 수 있도록 만들어 주는 기구를 작동시키는 것에 한정되어 있다는 것이다. 예술가는 주제인 동시에 예술 작품이며 그의 행위는 관중 속에 잠재하는 창조력의 촉매로서 작용되며 이러한 예술가의 이중적인 역할은 영어로 '행위' 또는 '이행'을 의미하는 퍼포먼스라고 통칭되는 예술적 경향의 바탕을 이

루게 되었다.[126]

1970년대에 널리 쓰이게 된 퍼포먼스의 개념은 신체에 의한 표현이라는 의미로서 행위의 시간적인 경위가 중시되는 쪽으로 변화되었다.

트리샤 브라운(Trisha Brown)의 작품 〈빌딩 옆을 내려가는 사람(Man Walking Down on the Side of the Building)〉에서도 이러한 경향과 함께 사이트-스페시픽 댄스의 경향을 엿볼 수 있다. 이 작품은 극장 무대를 거부하고 다양한 공간적 상

◀ 이찬주-바람을 느끼다
대전ICC 광장 ⓒ이미경

황을 보여 준다. 제목 그대로 한 남자가 줄에 매달려 건물 외벽을 걸어가는 장면이 연출된다. 그녀는 1960년대 초부터 외부 공간을 사용하여 대중적 접근을 시도하였고 1970년대 들어서는 더욱 적극적이었다.[127]

환경연극(Environmental theatre)과 마찬가지로 미국과 유럽을 중심으로 60, 70년대부터 발전해 온 사이트-스페시픽 댄스는 현재 국내 무용계의 또 다른 경향이다. 프로시니엄 극장을 벗어나 일상 속의 공간에서 그 공간이 지닌 역사성과 특수성 등을 탐구하며 유기적인 관계를 토대로 탄생했다.[128]

영국의 드림싱크스피크(Dreamthinkspeak) 극단의 예술감독이자 연출가 트리스탄 샵스(Tristan Sharps)는 국내 예술가들과 함께 서울역 안의 광장 안에서 사이트-스페시픽 댄스를 만들어 냈다. 문화역서울284라는 특수한 공간에서 벌어진 공연으로, 80명이 참가했으며 무려 50분 동안 관객들과 함께했다.

사이트-스페시픽 댄스를 위한 특정한 공간은 공연을 관람하는 경험에 영향을 미치기도 한다. 주변의 관객들은 그 과정을 실제로 목격하게 되고 그 특정한 환경을 관객이 작품을 관람할 때 갖게 되는 경험에 영향력을 행사하게 된다.[129]

또한 사이트-스페시픽 댄스의 특징은 공연을 관람하는 시선의 위치에 따라서 작품 자체가 달라 보인다는 점이다. 이는 프로시니엄 무대에서 작품을 관람하면서 느끼는 것과는 전혀 다르다. 각자의 위치에 따라 미적 감흥이 달라질 수 있다는 다양성을 갖는다.[130]

그렇다면 예술가들이 특정 장소(Site-Specific)에서 구현되는 작품을 만드는 이유는 무엇일까? 이는 한정된 공간에서 벗어나 새로운 배경의 무대가 주는 신선한 매력을 갖고 있기 때문이다. 공연 밖에서 예술가들은 전혀 다른 시도를 하게 된다. 예술작품이란 모름지기 예외적이거나 번득이는 생각들에 끌려 탄생하기도 한다.

또한 사이트-스페시픽 댄스는 하나의 특정 장소에서 만들어지는 작품이라도 전혀 다를 수 있다는 이점을 지니고 있다. 어느 면에 중점을 두고 만들어 가느냐에 따라 작품은 전혀 달라진다.[131] 그뿐만 아니라 특정한 장소를 지나가는 사람, 무심코 구경하는 사람들이 관객이 되어 작품에 참여하게 된다. 이 과정에서 예술가들과 관객들은 하나의 작품을 목격하는 경험을 공유하게 된다. 공연이 끝나고 난 뒤에도 관객들은 그 장소에 대한 매우 특별한 연관성을 느끼게 된다.[132]

◀ 골동품 환경에서 펼치는 역사적 춤 (Historical Dances in an Antique setting)-런던테이트브리튼 미술관 ⓒ이찬주

예술가는 특정 공간을 소유한 사람들, 그 공간의 관리인들, 혹은 우연히 그곳을 지나간 사람들과 함께 일하는 경험을 맛보게 되는 것이다. 이러한 일들은 모두 특정 장소에서 이루어지는 작품 창작으로 그 장소에 대한 새로운 시각을 사람들에게 안겨 준다. 그것이 특정 장소에서 작품 활동이 존재하는 이유일지도 모른다.

사이트-스페시픽 댄스는 여러 공간을 사용하여 다양한 배경을 만들고 움직이는 무대장소를 뛰어넘어 관객의 가시권 영역까지 확대함으로써 작품을 낳는다. 다양한 공간적 상황에 대한 개방성을 통해 기존의 극장을 벗어나 전위적인 새로운 공간을 창출하는 것이다.[133]

1) 장소 특정적 공연예술의 이해 및 특성[134]

"공간은 형태가 없고 손으로 만져 볼 수도 없고 또 직접 묘사하거나 분석할 수 있는 실체가 아니다. 그러나 우리가 어떻게 공간을 느끼고, 알고 또 설명하더라도, 거기에는 항상 장소감이나 장소 개념이 관련되어 있다. … 공간과 장소 간의 관계를 명확히 하고, 그에 따라 장소를 개념적·경험적 맥락에서 분리시키지 않는 일이 중요하다. 직접 경험과 추상적 사고라는 양극단을 가진 연속체 속에 다양한 형태의 공간이 자리 잡고 있음을 인식해야 한다."[135]

영국의 지리학자 에드워드 렐프는 장소가 가지는 특성 및 장소성의 문제를 본격적으로 다루면서, 장소는 단순한 물질적 차원으로 보는 것이 아니라 장소가 가지는 정서 · 인식 · 태도 · 가치 · 범위 등과 함께 장소와 장소성 그리고 장소에 속한 사람들과의 관계에 주목하였다.[136] 이렇듯 동시대 공연예술에서도 장소와 장소성

▲ 골동품 환경에서 펼치는 역사적 춤(Historical Dances in an Antique setting) 런던테이트브리튼 미술관©이찬주

그리고 관객과의 관계는 매우 중요한 역할을 한다.

프로시니엄 무대나 블랙박스형 무대에서 벗어나 공연되는 장소에 대한 새로운 해석과 함께 다양한 관객 참여를 유도하는 공연 형태는 공연예술에서 중요한 부분을 차지하고 있다. 예를 들어, 2016년 런던 테이트 브리튼 미술관에 등장한 현대무용은 많은 사람들의 관심을 끌었다.

퍼포먼스, 드로잉 및 설치의 〈골동품 환경에서 펼쳐지는 역사적 춤(Historical Dances in an Antique setting)〉은 파블로 브론스타인(Pablo Bronstein, 1977~)의 작품이다. 이는 건축과 디자인의 물리적 · 심리적 영향을 탐구를 위해 결합하였다. 미술관의 대리석 바닥에서 빨간색 웃옷 차림에 목걸이를 길게 목에 건 무용수들이 긴 홀을 따라 걷고 멈추고 바닥에 그려진 흰색 선을 따라 무용 동작을 취해 보인다. 건축과 어우러진 현장공연으로 현대적이고 역사적인 요소를 융합시킨 프로젝트로 그것을 보는 관객들과 함께 작품을 만들어 간다.[137]

위 사례는 현대무용이 미술관에서 대중과 만나고 교감하여 대중이 직접 작품에 등장하는 '관객 참여형 무용'의 형태를 보여 준다. 특히 관객 참여형 예술은 어느 누구보다 수용자, 즉 관객의 욕구에 집중되어 있다. 브론스타인은 자신의 스타일이 클래식건축의 스타일을 재해석한 갤러리와 관련이 있음을 나타낸다고 한다.

건축물은 무용수의 일부가 되고 사회작용과 전시를 위한 플랫폼으로서의 갤러리의 감각은 대규모의 바로크양식의 가벽과 바닥의 표시, 의상을 입은 춤꾼과 드라마틱한 요소를 추가한다. 또한 대중이 작품을 시각적으로 감상하는 것은 물론 작품 옆을 걸어 다니며 작품의 일부가 되어 예술품을 구상하게 되는 중요한 재료로서 기능하게 된다. 작품 속에 들어간 관객들은 무형의 상징적 기호들을 생성해 내고, 그와 동시에 미적 가치들을 창출해 낸다. 이러한 상호 연계적 미적 가치 창출을 제외하고도, 가장 중요한 지점은 대중들이 예술에 보다 친근하게 접근하여

즐길 수 있는 기회를 마련해 준다는 것이다.

런던의 펀치드렁크(Punchdrunk) 극단의 작품 〈Sleep No More〉는 기존의 극장 구조와 형식에서 벗어나 관객이 하얀 가면을 쓰고 다니면서 작품에 직접 참여하는 방식의 과정을 통해 새로운 관객 찾기의 성공적인 사례로 손꼽힌다. 이 작품은 폐교나 호텔, 버려진 창고건물 등을 활용한다는 점에서 '공간 맞춤형 공연'이라 불리기도 하고 관객이 공연을 관람하면서 직접 만지거나 경험할 수 있다는 점에서 '이머시브(immersive) 공연' 또는 '인터렉티브 퍼포먼스(interactive performance)'라고 불리기도 한다.[138]

또한 최근 국내에서는 도시의 일상 공공장소에서 연극 행위가 활발하게 이루어지고 있다. 서울국제거리예술축제, 안산세계거리극축제, 변방연극제, 고양호수공연축제 등이 도심 곳곳에서 지속적으로 공연을 이어 가고 있으며 서울문화재단에서는 청계천, 한강공원, 서울숲 등의 특정 공간을 지정하여 등록된 거리예술가들 및 작품들이 공연되고 있다.[139] 이렇듯 공공장소에서 이루어지는 예술 행위는 극장이라는 공간을 벗어나 일상적인 장소에서 관객들이 자발적으로 참여하고 직접 체험하게 함으로써 그들의 문화 향유 기회를 확대하고 지역의 문화예술 발전에도 긍정적인 영향을 줄 수 있다.

장소 특정적 공연예술의 특성을 정리해 보면, 우선 공연자와 관객은 장소를 매개로 감성을 교환하고 쌍방향 소통 방식을 추구하며 공연자와 관객과의 거리가 가까워짐에 따라 관객의 직접적이고 적극적인 참여를 유발하여 긴밀한 공동체 의식을 형성하게 한다. 또, 장소와 환경, 그리고 관객에 의해 익숙했던 공간을 재발견하고, 새로운 과정을 통해 익숙한 공간을 낯설게 함으로써 그 순간을 새롭게 인식하거나 예술적으로 재탄생하게 한다. 마지막으로, 예술이 대중들에게 친근하게 다가가 삶을 풍요롭게 만들어 주고 삶의 에너지를 불러일으킨다.

이러한 장소 특정적 공연의 특성은 공연자와 관객의 심리를 파악하고 서로 간의 감각적인 욕구를 충족시켜 상호 보완적으로 중요한 영향력을 끼칠 수 있다. 그렇기 때문에 동시대의 많은 예술가들, 그리고 연구자들에게 장소 특정성을 가진 공연예술은 관심의 대상이 된다.

2) 장소 특정적 무용공연(Site-Specific Dance Performance)

장소 특정적 무용공연의 시작은 미술과 연극에서와 마찬가지로 1960년대와 70년대 초반의 관객 참여형 개방예술(Live art)의 발전으로부터 시작되었고, 이후 20세기 초부터 미국 및 유럽에서 안무가 및 무용가들로 하여금 신체, 무용 그리고 자연 공간을 탐구하게 하는 계기가 되었다.[140] 장소 특정적 무용공연은 50년 전부터 루신다 차일즈(Lucinda Childs), 메레디스 몽크(Meredith Monk), 트리샤 브라운(Trisha Brown), 안나 할프린(Anna Halprin), 에이코-코마(Eiko & Koma), 하이디 더클러(Heidi Duckler) 등의 수많은 무용가들과 플럭서스(Fluxus) 그룹, 해프닝(Happening) 작가들이 개척하였고 현재는 춤의 한 장르로 분류되기 시작하며 국내에서도 이에 대한 관심이 커져 가는 추세이다.

트리샤 브라운의 작품 〈빌딩 측면을 걷는 남자(Man Walking Down the Side of a Building)〉(1970)는 뉴욕 맨해튼의 창고에서 초연되었고 빌딩 옥상에서 지상까지 로프와 도르레에 의지해서 한 남자가 90도 각도로 걸어 내려오는 장면을 연출함으로써 센세이션을 일으켰다. 그리고 하이디 더클러의 작품 〈빨래방(Launderland)〉(1998)은 과거 동네 사람들이 빨래를 하며 이야기를 나누던 동네 코인 빨래방이 현재는 젠트리피케이션(Gentrification)의 피해를 보는 곳으로 전락

한 현실을 표현한 작품으로, 도시 개발에 따른 임대료 상승으로 밀려난 사람들의 각박한 현실을 표현하였다. 이렇듯 장소 특정적 무용공연은 공연 장소의 확장을 통해 사회적 메시지를 담는 공공예술의 성격을 가진다.

장소 특정적 무용공연의 이론적 개념을 구체화할 필요가 있다. 현재 장소 특정적 공연 발전에서 가장 독보적인 미국의 대표적인 안무가 스테판 코플로위츠가 정의한 장소 특이성의 4가지 카테고리인 장소 특정적 공연, 장소 적응적 공연, 기존 작품의 재구성 공연, 스튜디오에서 장소로의 공연을 바탕으로 개념을 정리해 보자.

(1) 장소 특정적 공연

안무가가 공연될 장소에서 받는 영감이 가장 중요하다. 즉, 작품의 제작이 장소에 관한 연구로부터 시작된다고 할 수 있으며 안무가는 장소에서 영감을 받아 작품의 주제나 의도를 계획하게 된다. 그렇기 때문에 재공연이 될 경우는 작품의 본질을 잃어버리게 되는 특징이 있다.[141]

공연 당일의 날씨나 주변 환경, 지향적 특징, 장소의 여러 가지 상황 등에 따라 공연의 과정 및 결과가 달라지기 때문에 재공연을 하더라도 완전히 똑같은 작품이 될 수 없다. 만약 같은 장소에서 재공연된다 해도 그 작품은 장소 특정적 공연이 아니라 다른 카테고리의 작품이 되는 것이다. 코플로위츠의 작품 중 런던 자연사박물관에서 공연된 작품 〈제네시스 캐넌(Genesis Canyon)〉(1996)과 영국 국립도서관에서 공연된 작품 〈바벨 인덱스(Babel Index)〉(1998)를 예로 들 수 있다.

(2) 장소 적응적 공연

창작 작업에 있어서 공연되는 장소는 그 의도에 맞게 다시 적응시켜 수정될 수

있는 일반적인 것으로 해석된다. 그렇기 때문에 장소 특정적 공연과는 달리, 재공연을 할 경우 작품의 내용과 구성 등은 동일하지만 장소의 여러 가지 상황이나 요소들에 따라 새롭게 영감을 받을 수 있고 발전될 수 있다.[142]

예를 들어, 코플로위츠는 뉴욕 그랜드 센트럴역 안의 대형 창틀 세 곳에서 작품 〈창문 내기(Fenestrations)〉(1987)를 선보였다. 이후 2001년에 뉴욕 공립도서관에서 같은 작품으로 재공연되었다. 또한 작품 〈그랜드 스텝 프로젝트(The Grand Step Project: Flight)〉(2004)는 뉴욕시의 주요 건물 여섯 곳의 정문 계단에서 공연되었고, 안무가는 "세상에는 수천 개의 큰 계단들이 있고 이 작품은 세상 어느 계단에서도 재공연을 할 수 있다."라고 말한 바 있다.

(3) 기존 작품의 재구성 공연

이것은 극장에서의 공연을 극장 이외의 장소에서 재공연하는 것을 말한다.[143] 장소가 바뀌면서 관객들은 다른 관점에서 작품을 바라보게 된다. 조명이나 의상, 무대미술 등의 기술적인 부분뿐만 아니라 안무 및 무용수들의 움직임이 장소에 따라 많은 영향을 받아 재구성된 작품은 기존 작품을 관람한 관객들이 작품을 다르게 해석할 수 있게 하고 그들에게 새로운 만족감을 줄 수 있다.

예를 들어, 트리샤 브라운이 뉴욕대학교 체육관에서 초연했던 작품 〈집적(Accumulation)〉(1971)이 2010년 런던의 테이트 모던 터빈 홀(Tate Modern Turbine Hall)에서 재탄생되었을 때, 특정 장소에서 재공연될 것이라 상상하지 못했던 관객들은 작품과 장소에 대한 또 다른 경험을 하게 되었다. 기존 작품의 재구성 공연은 무용공연이 이루어지는 장소와 관객의 위치, 즉 '어떻게 위치시킬 것인가'에 대해 집중하게 하는 특성이 있다.

(4) 스튜디오에서 다른 장소로의 공연

위의 기존 작품의 재구성 공연과 같이 공연의 장소를 옮겨 재공연되지만 안무가의 의도는 서로 다르다. 이는 안무가가 의도적으로 기존 무용 작품을 가져와서 특정 장소에 배치하는 '재구성(reframing)' 개념을 도입하기 때문이다. 재구성 과정에서 장소와 창작 작업과의 일정한 상호관계가 있고, 안무가는 장소의 물리적 구성요소와 관련하여 안무 의도 및 주제를 변경하거나 수정할 수 있다.[144] 즉, 장소는 작품 안무에 영향을 미치지만 주제 및 내용에는 영향을 주지 않는다. 그렇기 때문에 안무가의 의도는 매우 중요하다.

작품을 장소에서 영감을 받아 기획하거나 제작하지는 않지만 재공연될 경우 장소와 상호작용에 의해 공연을 더 풍요롭게 만들고 관객들에게 또한 새로움과 신선한 자극을 줄 수 있다. 예를 들어, DV8의 작품 〈삶의 대가(The Cost of Living)〉(2008)의 재구성에서 그 점을 확인할 수 있다. 이 작품은 원래 프로시니엄 무대용으로 제작되었으며 댄스 비디오로도 제작되었다. 이후 작품은 〈Living Costs〉로 제목을 달리하여 2003년 런던의 테이트 모던 미술관에서 재공연되었으며, 관객들은 걸어 다니면서 현장을 둘러보고 작품의 물리적인 재연을 경험하였다. 하지만 작품의 주제 및 내용은 동일하였다.

이와 같은 장소 특징적 무용공연의 특성을 정리하면, 우선 익숙한 장소를 독창적이고 예술적으로 변화시키고, 익숙하지 않은 장소를 새롭게 재발견하는 특성을 갖는다. 이것은 공연자와 관객과의 거리 및 관점, 장소의 역사, 장소의 과거 또는 현재의 용도, 그 장소에 있는 시설의 재료와 질감, 주변의 소음, 자연 채광 등의 다양한 요소들로 인해 구체화하여 반응하고 만들어진다. 그리고 이로 인해 즉흥성을 띠며 현장성을 갖게 된다.

▲ 정혜민-Code of engagement(2024) 마더 오브라인 갤러리 ©손관중

또 다른 특성으로, 장소 특징적 무용공연의 핵심은 공연을 완성해 가는 과정에 있다는 것을 들 수 있다. 그 이유는 같은 작품이 다른 장소에서 재공연될 경우라 할지라도 그 장소에 맞게 공연 과정이 달라질 수 있기 때문이고, 같은 장소라도 똑같은 공연의 형태로 존재하지 못하기 때문이다. 더불어 공연은, 시간과 날씨, 공간의 지리적 특징 및 물리적 세부사항 등에 따라서 관객이 느끼는 감성이 달라지기 때문에, 관객들에게 늘 새로움과 신선한 자극을 주는 특별함이 있다. 여기서 말하는 장소는 '위치(location)'를 가리키기도 하며 지리적 특징은 깊이, 길이, 무게, 높이, 형태, 벽 그리고 온도 같은 모든 특정한 물리적 세부사항을 포괄한다. 또한 위치는 공적이면서 사적인 사회적 역사가 내포되어 있으며 이런 것들은 장소 특징적 작품의 발달에 영향을 끼치는 요인이 된다.[145]

마지막으로, 일반화된 극장의 공연보다 확장성을 띠고 포용적이며 관객층의 다양화 및 관객 수의 증가에 따라 공연자와 관객 모두에게 긍정적인 효과를 가져다준다. 무용공연에서의 열린 공간은 단순히 공연되는 장소로서의 의미만 있는 게 아니다. 공간이 가지는 고유한 특성과 관객과의 거리에 따라 관객에게 호기심과 시각적 효과를 자극시키고 동시에 공연을 하는 무용수들에게도 영감과 에너지를 통해 시너지 효과를 낳는다.

이렇듯 장소 특정적 무용공연은 현대사회에서 요구되는 관객의 욕구를 충족시키고, 새로운 감성을 불어넣으며 공연자와 관객의 공감을 얻어 내어 관객층 저변 확대와 공연 활성화를 위한 하나의 방향성을 제시하고 있다. 그런 측면에서 장소 특정적 무용공연이 앞으로 꾸준히 연구되어야 할 필요성이 있다.

2 콜라보레이션(Collaboration)[146]

콜라보레이션(Collaboration)은 공동의, 단체의, 공동작업, 합작[147]의 뜻으로 '협력하는 것'을 의미한다. 춤에서는 예술가가 표현하고자 하는 것을 관객과 공유할 목적으로 다양한 시도를 통해 무대와 객석의 경계를 허물어 나가는 작업이다. 또한 '전략적 협업'으로 예술적 가치를 상호 혁신시키는 행위를 말한다. 즉, 서로 다른 두 예술체가 만나 각자의 예술과 유기적으로 결합해 시너지 효과를 내는 것이다.

춤은 이제 극장 공간을 뛰어넘어 공연 장소의 파괴를 꾀하고 있다. 그렇기 때문에 미술관에 춤이 들어오는 일은 놀랄 일이 아니다. 미술관에서 춤 영상이 상영되는가 하면, 춤을 테마로 한 다양한 작품들이 미술관이라는 공간에서 실연되고 있다.

이러한 예로 오문자 & 알타비아 현대무용단의 작품 〈환(幻)을 거닐다〉를 들 수 있다. 이 작품은 전북도립미술관에서 공연했는데(2013. 1. 24.) 당시 동명의 제목으로 전시 중인 앤디 워홀, 샤갈, 피카소 등의 미술작품과 함께하며 춤과 미술의 경계를 허물었다. 한 인물(오문자)이 우산을 든 채 복도를 거닐며 관객들과 하나가 되어 춤을 펼치며 퍼포먼스를 한다.

앤디 워홀의 그림을 보며 우산을 든 채 이야기하듯 의사를 전달하는 춤 동작은 우리 자신과 예술이 일종의 관계를 맺는다는 생각을 품게 한다. 즉, 우리가 예술

▲ 오문자 알타비아무용단 -환(幻)을 거닐다 [나의 샤갈, 당신의 피카소](2013) 전주도립미술관 ⓒ이찬주

과 교감한다는 인상을 갖게 되는 것이다. 이러한 움직임의 의미는 두 예술체가 하나이며 각기 서로의 일부임을 표현하는 것이라고 할 수 있다. 〈환(幻)을 거닐다〉의 군무 역시 대담하면서도 역동적인 작업을 시도하며 벽에 걸린 미술품과의 관계를 표현하면서 춤과 미술품 사이에서 시너지 효과를 내게 한다.

1) 미술과 무용의 만남

미술과 '안무/움직임'의 만남은 1958년 이후 본격적으로 시도되어 현재에 이르고 있다. 세월의 흐름 속에서 미술과 춤의 조우는 조금씩 다른 모습으로 표현되어 왔다. 우선 1960~70년대엔 신체와 그것을 둘러싼 환경과의 관계, 관람객의 자기 인식, 중력이나 균형에 대한 몸의 지각 작용과 깊은 관계를 맺었다. 로버트 모리스(Robert Morris), 브루스 나우만(Bruce Nauman), 리지아 클락(Lygia Clark), 프란츠 웨스트(Franz West) 등의 작품이 대표적이다.[149]

(1) 다이얼로그 09(Dialogue 09)

독일 최고의 현대춤꾼이자 안무가로 평가받고 있는 사샤 발츠(Sasha Waltz)의 〈다이얼로그 09(Dialogue 09)〉가 2009년 3월 독일 베를린의 '베를린 신 박물관(Neues Museum)'에서 실연되었다. 춤꾼 70여 명이 동원된 거대한 퍼포먼스였다. 과거의 화려한 유물이 전시된 곳에서는 격정적인 춤을 선보였고, 전쟁의 상흔이 느껴지는 곳에서는 엄숙한 몸동작을 선보였다.

박물관 안에 소장되어 있는 유물이 가지는 역사적 의미에 따라 그에 맞는 춤 동작을 보여 준 것이다. 이곳이 지닌 역사적 흐름을 보여 주듯 춤을 추며 사샤 발츠는 박물관 곳곳을 다양하게 이용한다. 까마득하게 높은 미술관의 벽을 따라 조형물처럼 서 있는 춤꾼들은 느리게 움직인다. 관객은 그들의 고요한 몸짓을 보는 것만으로도 그 춤과 의미를 공유하게 된다.

(2) 무브(MOVE): 1960년대 이후의 미술과 무용

▲ 무브 1960년대 이후의 미술과 무용©이찬주

▲ 자비에르 르 로이-재생산[정정아,이찬주외] ©이찬주

2012년 과천 국립현대미술관에서는 '무브(MOVE): 1960년대 이후의 미술과 무용'전이 열렸다(6. 6.~8. 12.). 이 전시는 영국 헤이워드 갤러리(2010)를 시작으로 독일의 하우스 데어 쿤스트(2011년), 뒤셀도르프 시립미술관 등에서 순회전을 열었으며 세계적으로 화제를 불러일으키며 호평을 받았다. 관람객은 구경꾼이 아닌 참여자로서 전시에 직접 참여하는 형태를 띤다. 저자(이찬주)도 프랑스 출신 안무가 자비에르 르 로이(Xavier Le Roy)의 작품 〈재생산(Reproduction)〉에 참여하여 참여자의 행위가 또 하나의 예술로 승화되는 독특한 콘셉트를 경험하였다.

▲ 트리샤브라운-숲의 마루(2012)[이지혜] ©이찬주

'무브'전은 주로 설치미술이나 조각과 연계된 작품들로 구성되었다. 춤꾼들과 관람객들이 상호 대화를 통해 작품을 만들어 가게 되어 색다른 발상의 전환을 이루었다. 극장에서 공연을 하는 춤꾼을 관객으로서 수동적으로 바라보는 것이 아니라 관객이 능동적으로 직접 공연에 참여하게 되는 것이다. '무브'전은 관객이 작품 속에 직접 참여함으로써 기획자와 작가 그리고 관람자 사이의 교감을 이끌어

낸 전시이자 공연이었다.

트리샤 브라운의 〈숲의 마루〉(1970)는 춤꾼들이 빨랫줄을 연상시키는 굵은 줄이 가로 세로로 엮인 구조 위에서 줄에 걸쳐진 옷을 입고 벗는 과정을 되풀이하며 즉흥적으로 퍼포먼스를 행하는 작품이다. 이 작품은 대중과 예술의 소통 그리고 '중력'에 대하여 중점을 둔 이야기이다.

(3) 멀티플리시티

2012년 서울대미술관에서는 '나우 댄스(Now Dance)'라는 주제로 스페인 춤꾼이자 안무가 나초 두아토의 〈다중성, 침묵과 공간의 형식들(Multiplicity, Forms of Silence and Emptiness)〉이 펼쳐졌다. 무용수들은 바흐의 무반주 첼로 조곡을 배경으로 춤을 춘다. 남자 춤꾼이 연주자가 되고 여자 춤꾼이 첼로인 악기가 되어 환상적인 동작과 절묘한 호흡으로 음악이 떠다니는 듯한 춤이다. 1967년 첼리스트 샬롯 무어만이 독일 뒤셀도르프 미술대학에서 전라로 남성의 성기를 연상케 하는 오브제를 첼로처럼 껴안고 연주하는 것과 흡사하게 느껴진다.[150]

이 작품은 1999년 독일 튀링겐 자유주 바이마르에서 바흐의 서거 250주기를 기리기 위해 나초 두아토에게 의뢰한 것이며 〈멀티플리시티〉라는 제목으로 탄생되었다. 나초 두아토가 바로크 시대의 음악과 미술, 춤에 이르는 다양한 예술적 몸짓의 총체적 의미를 담아 표현한 제목이다.

총 2막의 〈멀티플리시티〉는 1부에서 바흐로부터 받은 영감을 춤으로 형상화하고 바흐(역할)의 지휘 아래 악기가 되어 음을 타는 춤꾼들의 움직임으로 시작되었고 춤꾼을 첼로 삼아 활을 켜는 장면은 음악의 웅장함에 움직임의 재미를 덧붙였다. 2부는 바흐의 죽음을 다루고 있는데, 아이와 부인의 죽음 그리고 실명 등으로 영감을 잃은 바흐가 결국 쓰러지며 그의 죽음과 함께 조명이 꺼진다. 바흐의 죽음

▲ 나초 두아토 - 멀티플리시티 ©유니버설발레단제공

장면에 골드베르크 변주곡이 흐른다. 도입부의 아리아가 잔잔하게 울려 퍼지며 수많은 변주를 지나 다시 첫 음이 연주되었다. 이는 시작했던 그곳으로 다시 돌아간 바흐를 기리며 그의 음악을 찬미하는 것이다.

나초 두아토는 전통 클래식만 고집해오던 무용단을 현대무용단으로 탈바꿈시키고 고전발레에 현대적인 감각을 삽입시킨 독창적인 안무가이다. 〈멀티플리시티〉

▲ 마이크 켈리-테스트룸 [이지혜](2012) 국립현대미술관 ⓒ이찬주

는 2014년 유니버설발레단이 나초 두아토를 초청하여 한국에서 초연되었다. 이 작품으로 나초 두아토는 2000년에 브누아 드 라 당스(Benois de la Dance) 안무상을 수상했다.

1950~60년대 해리 F. 할로우가 노지의 실험실에서 행하였던 영장류의 애착관계에 관한 실험에서 사용되었던 놀이방 오브제들이 확대되어 조각가 이사무 노구치가 미국의 안무가 마사 그레이엄을 위해 제작한 추상적인 무대 세트와 비슷하

다.[151] 이에 따라 관람객은 몸에 대한 새로운 자각과 독립된 예술 장르로 인정받기 시작한 춤을 다양하게 표출한 실험적 성향으로 만나 보게 된다.[152]

춤꾼이 주는 몸짓과 관객의 참여가 있어야만 완성되며, 미술품들과 공존하며 펼쳐질 때 그 작품들과 공연을 보고 느끼는 것은 색다르다. 그것이 우리에게 보여주는 것은 일시적이든 장기적이든 전시장을 찾은 이들의 개별 경험을 새로운 종류의 예술로 열려 있다. 이로써 완성되는 작품에서 예술적 가치를 완결한다.[153]

2) 무용예술의 콜라보레이션[154]

현대의 무용예술은 과학기술의 발달과 함께 다양한 매체를 활용함으로써 공연예술의 수준을 발달시키는 원동력을 얻었고, 서로 다른 장르에 속해 있는 예술가들이 만나 새로운 시너지 효과를 만들어 내는 콜라보레이션 작업이 활성화되고 있다. 포스트모더니즘의 영향 아래 장르 간 벽이 허물어지면서 레지던스 프로그램이나 장소 특정적 공연에서 콜라보레이션을 하거나 국 · 공립 단체에서 타 예술 분야 또는 해외 안무가 초빙에 의해 공동 창작 작업을 하는 등 다양한 콜라보레이션 양상을 띠게 되었다.

또한 시대가 변화하면서 현대의 무용예술은 주제 선택의 폭이 넓어진 것과 아울러 무대 공간의 변화, 최첨단 테크놀로지의 활용 등과 함께 탈피와 변용, 융합의 공존 아래 즉흥성과 전통의 재구성, 디자인적 측면에서 단순화와 추상화 경향 등 양적, 질적으로 꾸준히 발전하고 있다.[155]

무용공연의 콜라보레이션은 같은 목적 아래 여러 분야의 예술가, 같은 업계, 기업 등과의 협업으로 구성원들이 상호 보완적이고 수평적인 관계에서 진행되는 작

업을 의미한다. 현대의 무용공연은 한 명의 안무자 또는 기획자에 의한 공연이 아니라 같은 목적에 모여 서로의 장점을 최대한으로 살리며 공연의 진정한 가치와 효과를 이끌어 낸다. 그동안 무용예술이 기업 등과 협업을 하는 것은 보기 드문 일이었으나 최근 들어 기업, TV 광고 등이 무용예술과 콜라보레이션을 하는 사례가 증가하고 있다. 이러한 콜라보레이션을 통해 대중과 가깝게 소통하는 기회가 생겨나고, 경제적 가치와 이윤과 연결되어 무용공연의 상품화로 연결되고 있다.

무용공연의 콜라보레이션은 한 번의 작업에서 결과를 도출해 내는 것이 아니라 발전 가능성이 있는 장기적 협업을 말한다. 콜라보레이션 작업에 참여하는 구성원들은 서로의 예술과 문화 그리고 아이디어 등을 공유하고 실험적이며 창의적인 시도를 도모하여 의미 있는 결과물을 도출하였다. 이러한 까닭에 콜라보레이션의 창작 작업 방식은 하이 콘셉트 시대 공연예술에서 각광받고 있으며, 관객과의 소통과 감성을 충족시키면서 관객에게 신선함과 호기심을 안겨 주는 순기능의 역할까지 품고 있는 것이다.

3) 한국 무용공연의 콜라보레이션 동향

현대의 공연예술은 기존의 사고방식에서 벗어나 새로운 시각을 통한 창조적인 접근이 필요한 시대에 도달해 있다. 문화적 · 경제적 수준이 발달하고 정보화시대를 거쳐 지식문화 사회로 빠르게 변화하면서 개성과 감성이 중요시되는 사회가 되었으며 개개인의 다양성의 욕구가 크게 작용하였다. 이는 좀 더 새로운 것, 쉽게 다가갈 수 있는 것, 창의적인 것을 중시하고 대중들에게 쉽게 어필할 수 있는 계기가 되기 때문이다.[156]

이른바 '하이 콘셉트' 시대에 콜라보레이션의 활성화는 공연예술 분야만이 아니라 무용공연에서도 예외 없이 필요해졌다. 멀티미디어나 기술적인 요소, 네트워크의 확장 등으로 국 · 공립 단체나 개인의 무용공연에서 콜라보레이션을 마케팅으로 내세워 공연되는 사례가 빈번해지고 있다. 그 이유는 콜라보레이션이 사회 전반에 트렌드를 보이기도 하지만, 늘 '새로운 것, 창의적인 것을 중시'하는 대중들의 관심을 끌 수 있는 효과적인 방법이 될 수 있고 소비자와 생산자, 제공자와 피제공자 간의 구분이 없어지는 것을 해결할 수 있는 효과적인 전략이기 때문이다. 또한 무용공연에서 콜라보레이션 마케팅 효과는 관객 점유율뿐 아니라 공연의 성공 여부에도 큰 영향을 줄 수 있다.[157]

(1) 무용예술과 패션의 콜라보레이션

현대의 무용공연에서는 음악, 영상, 의상, 건축 등 타 장르와의 콜라보레이션이 이루어지고 있으며 특히 국 · 공립 단체에서 무용예술과 패션의 콜라보레이션이 급증하고 있다.

그 대표적인 예로 한국예술종합학교 무용원 교수이자 '안성수픽업그룹'예술감독 안성수와 국립무용단과 패션디자이너 정구호의 콜라보레이션을 들 수 있다. 안성수는 2012년 국립발레단 50주년 기념작품〈포이즈〉에서 연출과 의상을 맡은 정구호와 함께 했으며〈포이즈〉이전에도 이들은 약 13편 가량의 작품을 함께 했다. 2013년에는 국립무용단과 콜라보레이션을 하여 작품〈단(壇)〉까지 이어졌다. 안무가 안성수의 〈단(壇)은 한국 춤의 원형인 굿을 통해 신분, 종교, 권력으로 심리적 갈등을 겪는 인간의 모습을 다뤘다. 이들의 콜라보레이션은 미니멀한 무대로 한국 춤을 돋보이게 하며 화제를 불러일으켰다.

정구호는 2013년부터 국립무용단과 콜라보레이션을 하여 작품 〈묵향〉(2013, 안

▲ 안성수-단(壇)(2013) 국립무용단 ©탁영선

무 윤성주), 〈단〉(2013, 안무 안성수), 〈토너먼트〉(2014, 공동안무 윤성주, 안성수), 그리고 〈향연〉(2015, 안무 조흥동)까지 연출과 의상을 맡았다.

안무가 개인의 콜라보레이션 사례도 있다. 현대무용가 안애순은 패션디자이너 임선옥과 콜라보레이션을 하였다. 2009년 〈불쌍〉 초연에 협업한 이후 2014년 안애순이 국립현대무용단 예술감독으로 있을 때 〈불쌍〉을 공연하면서 다시 콜라보레이션을 하였으며 같은 작품이 몇 차례에 재공연되면서 협업을 이어 나갔다.

이와 같이 무용예술이 다른 예술 분야의 전문가와 콜라보레이션을 함으로써 공

▲ 안애순-불쌍(2017) ©최영모

연이 이슈화되고 대중적으로도 인기를 끌면서 마케팅 측면에서 무용공연 관객층이 확대되는 결과를 낳았다. 특히 무용예술과 의상의 콜라보레이션은 시너지 효과를 얻을 수 있다. 의상이 유행에 민감하고 트렌드를 앞서가는 예술이니만큼 무용예술과 의상의 협업은 무용공연에서 시각적인 면에서 탁월한 효과를 거둘 수 있고, 무용수의 이미지만이 아니라 의상을 입은 무용수의 움직임이 극대화되는 기능을 하며 따라서 작품의 이미지에도 긍정적인 영향을 끼치는 장점이 있다.

또한 의상디자이너는 기존의 자신의 작업을 유지하면서 무용예술을 디자인 면

에서 새로운 변형을 시도할 수 있고, 관객의 호기심과 시각적 효과를 불러일으킨다. 그런가 하면, 의상디자이너에 의한 무대 의상은 무용수들에게도 새로운 영감과 에너지를 불러일으킬 수 있다. 감성과 소통이 중요시되는 무용공연에서 의상은 미적 가치를 나타내는 데 중요하다.

(2) 해외 안무가와의 콜라보레이션

최근 들어 해외 안무가와의 콜라보레이션으로 한국 춤의 세계화를 이끄는 공연이[158] 늘어나고 있다. 전통예술의 계승과 재해석으로의 공연예술의 창작 활성화는 한국의 예술적 가치를 발전시켜 나갈 수 있는 계기가 되며 국가 브랜드의 활성화로 연결될 수 있다. 국립무용단의 경우 창단 52년 만에 처음으로 외국 안무가와의 콜라보레이션을 시도했다.

2014년 핀란드 현대무용안무가 테로 사리넨(Tero Saarinen)의 작품 〈회오리(VORTEX)〉를 초연했으며 이 작품은 2015년 칸 댄스 페스티벌(Festival de Dance-Cannes 2015) 개막작으로 초청받아 성공적인 공연을 올렸다. 칸 댄스 페스티벌에서 공연을 본 한 관객은 "사리넨의 안무는 유럽에서 전혀 보지 못한 새로운 스타일이었고, 한국의 전통악기의 선율은 낯설었으나 신선하고 아름다웠다."고 평가했다.[159] 이는 국내뿐만 아니라 해외 관객들에게 한국 춤의 새로운 공연을 선보이며 한국 무용수들의 우수성을 알리고 한국 춤의 위상을 높이는 계기가 되었다.

또 다른 사례인 프랑스 현대무용안무가 조세 몽탈보(Jose Montalvo)와의 콜라보레이션 작품 〈시간의 나이〉는 2016년 국립극장과 프랑스 샤요국립극장이 한·불 수교 130주년 기념으로 공동 제작한 작품이다. 2016년 6월 16일 샤요국립극장 '포커스 포레'의 피날레를 장식하였다. 이번 공연으로 샤요국립극장 객석 1,200석이 매진되었고, 사전 유료 점유율이 90%로 서울 관객들에겐 호불호가 나뉜 평가가

▲ 조세몽탈보-시간의 나이[김미애](2016) ⓒ이찬주

나왔지만, 파리 관객 사이에선 극찬이 나왔다.

〈시간의 나이〉는 한국의 전통춤을 추는 모습이 무대 뒤 스크린에 투영된다. 〈부채춤〉,〈진쇠춤〉, 〈살풀이춤〉,〈태평무〉,〈선비춤〉등이 나오며 무대 위에서도 똑같이 춤을 춘다.[160] 〈시간의 나이〉는 전통의 재해석을 통해 우리 춤의 현대화에 중점을 둔 작품으로 안무가 특유의 영상 테크놀로지의 활용을 통해 "전통이 현대를, 현대가 전통을 보호한다."라는 가치로 귀결되었다.[161] 또한 야르모 판틸라 샤요극장 예술고문은 "몽탈보가 한국의 풍성한 문화를 잘 발굴한 것 같고 동시에 젊은 층의 동시대적 모습을 담아내서 인상적이었다."며 "한국무용을 잘 모르는 유럽 관객에서 몽탈보 만의 스타일로 그 전통을 효과적으로 전달해 준 것 같다."고 소감을 밝혔다.[162]

4) 무용예술과 콜라보레이션의 특성

국공립단체는 국가를 대표하는 단체로서 공연 활성화를 이룬다면 춤 발전만이 아니라 한국 춤의 위상을 높이고 세계에서 한국 춤의 미적 가치와 무용예술의 브랜드 가치를 높일 수 있다.

앞서 언급한 안성수의 작품〈단(壇)〉은 콜라보레이션의 시도로 한국 춤의 현대화의 긍정적인 효과와 발전을 보여 주었다. 〈단(壇)〉은 전통 춤사위의 원형을 고수하

▲ 안성수-단(壇)(2013) 국립무용단 ©탁영선

면서도 현대에 맞도록 무용수 구성과 무대 요소를 새롭게 재구성한 작품이다.

해외 현대무용 안무가와의 콜라보레이션 작품 〈회오리〉는 서로의 춤의 언어를 교류하며 한국춤의 현대화를 보여 준 작품이다. 예를 들어 외국인 전문가의 조명 디자인은 무용수들의 움직임을 신비롭게 만드는 효과를 나타냈고, 장면의 이미지를 극대화시켜 관객들에게 한국 춤 공연에서 볼 수 없었던 다채로움과 감각적인 면을 동시에 전달해 주었다. 한국 전통음악을 현대화한 라이브 연주와 소리꾼의 구음은 한국적 느낌을 주었고 무용수들에게는 강한 에너지를 전달해 주었다. 이와 같이 움직임 외적인 요소에서 협업 주체가 상호 보완적인 역할을 잘 수행한 결과라고 할 수 있다.

더불어 〈회오리〉는 시각적 효과가 탁월해 무용수의 이미지만이 아니라 의상을 입고 움직이는 무용수의 움직임이 효과를 얻으며 작품의 이미지도 함께 향상되었다.

국립무용단의 공연은 개인의 공연에 비해 규모가 크고 국공립 단체로서 공연 예산이나 국가에서 지원하는 보조금 면에서도 많은 혜택을 받고 있다. 그만큼 좋은 공연을 보여 주어야 하는 책임감이 큰 것도 사실이다. 그런 의미에서 국립무용단이 시도한 콜라보레이션 작품 〈단(壇)〉과 〈불쌍〉은 현대무용 안무가와의 협업으로 의상의 특성을 살리며 새로운 영감과 에너지를 불러일으키며 시너지효과를 보여준 훌륭한 사례라고 할수 있다. 그리고 해외 현대무용 안무가 테로 사리넨〈회오리〉, 조세몽탈보〈시간의 나이〉의 해외 공연은 전통과 한국적 이미지의 활용을 통해 세계화로 나아가는 계기를 만들었다.

종합하자면, 먼저 무용예술과 의상디자이너와의 콜라보레이션은 무용수들의 아름다움을 강조하여 춤을 돋보이게 하고, 새로운 비주얼의 춤을 탄생시킨다. 시각적인 효과로는 무대미술, 의상, 음악 그리고 소품 등이 격조 높은 춤의 미학을

선보인다. 또한 한국 춤의 우수성과 한국 춤 현대화의 가능성을 열었으며, 관객층을 다양하고 대중적으로 만들었다. 마지막으로, 해외 안무가와의 콜라보레이션의 시도는 한국 무용수들의 우수성과 서로 간의 문화적 · 기술적 보완을 이루어내며 한국 춤의 컨템포러리화를 이끌어 냈다.

5) 무용예술과 콜라보레이션이 나아가야 할 방향

그렇다면 콜라보레이션이 가지는 취약점은 무엇일까? 그것은 이 작업의 주체자인 예술감독이 제안하는 프로젝트 작업을 하는 데 다른 예술가들이 얼마만큼 진심으로 참여하느냐 하는 것이다. 콜라보레이션은 작업 전에 충분한 대화를 필요로 한다. 이는 예술감독으로서 만들어 내는 구조물 안에서 참여자들이 창의적으로 문제를 해결해야 함을 의미한다.

게다가 그들이 자신의 역량을 최대한 발휘한다고 하더라도 그것이 작업과 맞아떨어지느냐 하는 것은 장담할 수 없다. 그것은 누가 얼마만큼의 부분을 작품에서 맡느냐 하는 것에 달려 있다. 예를 들어 예술감독이 50%의 부분을 담당하고 춤꾼들이 나머지 부분을 맡는 것인지 논의해야 한다. 이 조합에서 보다 더 균형 있는 작업 방식을 선택할 수 있느냐 하는 것도 관건이다. 또한 행위에 참여하는 참여자의 예술적 개성을 각각 유지한 채 하나의 주제 아래에 결합할 것인가 아니면 예술감독의 주제 아래 프로젝트를 종합적인 측면에서 끌고 갈 것인가 하는 문제도 고민해야 한다.

앞서 살펴보았듯이 무용예술과 다른 예술 장르의 콜라보레이션 공연은 무용단의 기존 성격이나 특징과 보완되어 큰 효과를 낳는다. 하지만 협업하는 아티스트

들이 겹치는 경우도 등장하는데, 이를 보완하기 위해서라도 다른 예술 분야와의 범위를 넓혀 창의적이고 독창적인 작품을 만들기 위한 노력이 필요하다. 콜라보레이션은 서로 간의 수평 관계, 아이디어의 원활한 공유, 그리고 하나의 목적에 대한 공동체 의식이 필요하다. 다른 분야에 종사하는 파트너와의 콜라보레이션은 그에 따른 이질감을 동반하는 경우가 많다. 자신의 지식과 정보, 기술을 고집하

▲ 춤추는여자들-당신은 지금 바비레따에 살고있군요[장은정 외](2011) ⓒ옥상훈

면 서로의 이해가 상충할 수 있고 한쪽에 치우치는 것은 긍정적인 효과가 낮아질 수 있다. 그러므로 콜라보레이션 작업을 할 경우, 무분별하게 진행이 아니라 작품의 질을 높이고 일회성 프로젝트 형식이 되지 않도록 꾸준한 노력이 요구된다.

콜라보레이션은 공동으로 작업하는 것이기에 서로 무엇을 하기를 원하며 어떻게 소통하기를 원하는지에 대해 생각해 보는 것이 무엇보다 중요하다. 그러므로 프로젝트를 시작하기 전에 예술감독과 참여자는 충분한 논의와 대화를 거쳐야 하며, 특히 예술감독은 참여자들에게 작업에 관해 가능한 한 많이 설명해야 한다. 참여하는 예술가들의 이전 작품을 확인하여 많은 정보를 수집하는 것도 좋은 방법 중 하나가 될 수 있다.

콜라보레이션은 훌륭한 의사소통과 공유가 이루어질 때 성공할 수 있다. 콜라보레이션은 관객 참여라는 구체적이고 능동적인 '몸짓'을 유도함으로써 자칫 잘못하면 평범할 수 있는 형식을 깨뜨리는 것이다. 퍼포먼스의 예술적 맥락을 직접 읽을 수 있게 하는 동시에 예술 전반에서 조형언어로 삼고 있는 몸과 그 움직임을 작품 속에서 재수용하여 의미 있는 경험을 갖는다는 것은 충분히 매력적인 점이다.[163]

Chapter 6.

현대무용의 치유적 기능

100 Years of Korean Modern Dance: A Flourishing Evolution

예술의 다양한 기능 중 하나는 치유의 기능이다. 예술을 접하면서 상처 입은 정신과 불안한 정서를 치유하는 것은 이 시대 예술을 즐기는 많은 사람의 요구이기도 하다. 무용의 치유적 기능은 인류의 시작에서 그 기원을 찾아볼 수 있겠지만, 그보다 범위를 좁혀서 실질적으로 무용가에 의한 춤 그리고 예술로서 무용에서 얻어지는 치유의 개념은 마리 뷔그만에게서 찾아볼 수 있다. 뷔그만이 활동했던 당시 무용비평가인 존 마틴은 "본능적 반동이 두려움의 경험에 밀접하게 연결되듯이 감정적 경험에 밀접하게 연결되면 온전하게 진정한 움직임이 나타난다."고 말하며 춤이 감정과 연결되어 치유적 효과를 일으킬 수 있다는 것을 간접적으로 언급했다.

이러한 현상은 현대무용이 19세기 말 프로이트의 심리학에서 적잖이 영향을 받았음을 짐작하게 한다. 예를 들어 마사 그레이엄은 무의식으로부터 나오는 생각이나 감정을 기반으로 안무를 하고 직접 춤을 추면서 전후 정신적 트라우마를 극복해 냈다. 말하지 않고 생각과 감정을 움직임으로 표현하여 의미를 전달하는 무용이 심리적 외상으로 괴로워하는 사람들에게 그것을 해소할 수 있게 하는 적절한 양식 가운데 하나임은 분명한 사실이다. 따라서 많은 사람들이 위로를 얻고자 하는 이 시대에 무용이 가지는 치유적 기능에 대해 살펴보는 것은 의미 있는 일이다.

1 과정 중심 무용[164]

안나 할프린은 춤을 추고 춤을 만드는 사람으로서 자기 개발에 노력했고 무용의 치유적 시도를 탐험해 온 예술가로서 끊임없이 자기 자신에게 질문했다. 안나 할프린의 〈Circle the Earth〉(1986~1987, '지구를 돌다'라는 작품)는 산에서 이루어지는 퍼포먼스(The mountain performances)에서 비롯되었다. 이른바 산 퍼포먼스는 타말파 연구소(Tamalpa Institute) 무용수들이 지역 극장에서 공연 후 행사가 이어진 것으로 최소 100여 명의 수행자들과 관객이 함께하였다. 할프린은 이 공연을 위해 예술, 운동, 환경을 이용하여 지역사회 참가자들을 하나로 모았다.

그녀가 택한 지역은 타말파이스 산기슭에 위치한 아름다운 자연 보호구역이었으나 연쇄살인이 일어난 뒤 폐쇄되었고 지역 주민에게 불안감을 일으키는 곳이었다. 그녀는 작품의 제작 의도를 공동체성 회복에 두며 목적을 다음과 같이 밝혔다.

"우리가 공연을 함으로써 산의 정신을 일깨우고 통일된 공동체 의식을 느낄 수 있게 하는 것이 우리의 의도다. (중략) 우리는 이 공연이 여러분에게 영감을 줄 수 있기를 바란다. 그리고 우리가 의식적으로 산길을 걸으면서 내일 '산 위에서' 여러분 자신의 개인적인 신화만이 아니라 집단적인 신화를 발견하기를 바란다. 그 산책

은 다시 희망을 갖고 다시 봄이 오리라는 것을 상징할 것이다."[165]

위의 작품 의도를 살펴보면, 그 작품이 위기에 처한 공동체의 삶이 명백하게 서로 연관되어 있음을 보여 주는 공연이었다는 것을 알 수 있다. 지역사회가 참여하여 그 공연의 주제인 폭력적인 의식을 재현했다. 살아 있는 신화와 의식에 대한 할프린의 탐구는 예술과 환경의 상호작용을 통해 표현과 행동을 조합하여 두려움에 떨어야 했던 공동체에 힘을 실어 주었다.

이후 5년간 지속되었던 산 퍼포먼스는 〈Circle the Earth〉라는 구체적인 제목으로 변화하며 구조의 급격한 변화를 갖게 된다. 이 춤은 한 지역 공동체의 회복에서 발전되어 세계 공동체의 회복을 통해 세계평화의 비전을 구체화하고 평화를 위한 움직임을 이어 가고자 했다. 네 방향에서 정해진 중심부로 들어오는 움직임과 달리는 움직임, 그리고 공동체성의 복원이라는 주제는 타말파이스산에서의 움직임 모티브를 활용한다.

1989년에 행해진 〈The Planetary Dance〉(1987~1990, 행성의 춤)에서는 또 다른 변화를 맞게 된다. 지구를 돌며 생명과 공동체 회복을 위한 춤이 에이즈(AIDS) 환자들을 위한 치유 의식의 춤이 된 것이다. 에이즈는 샌프란시스코 주변의 지역사회를 위협하고 있었고, 이러한 위기를 맞닥뜨리면서 할프린은 치유예술을 시작하게 된다. 〈Circle the Earth〉는 세계 곳곳에서 공연 요청이 쇄도함에 따라 〈The Planetary Dance〉로 발전하게 된다. 계획된 구성과 리듬, 가이드들의 안내에 따라 모인 무리는 공동체를 이루며 그곳의 구성원이 된다.

1) 안나 할프린의 과정 중심 작품에 대한 접근

안나 할프린 작업의 전체 특징은 몸의 감각과 구조를 움직임의 출발점으로 활용한다는 것이다. 그 과정의 시작을 가능하게 하기 위해 개인의 감정, 개인적 연상, 이미지 등이 활용된다. 안나 할프린의 과정 중심 작품에 대한 접근은 신체적(신체, 감각 인식, 느낌, 움직임), 감정적(느낌, 감정), 정신적(상상, 연관성, 의식적 반사, 일상생활로의 통합) 통합 과정으로 특징지어진다. 그녀는 각 단계의 인식에서 더 큰 범위를 배양시키기 위해 각각의 접근법을 개별적으로 활용할 수도 있지만 궁극적으로 이 세 가지를 분리할 수 없다고 믿는다.[166]

춤은 우리 몸에 오랫동안 묻혀 있던 감각, 감정, 느낌, 이미지를 드러내는 모든

▲ 안나할프린-예술치유(2014) ©소은

단계를 인식하기 위한 열쇠가 되고 그 사이사이의 연관성을 제공하기 때문에 단순히 움직임을 육체적인 것으로 분류하는 것은 오해의 소지가 있다.[167] 춤을 통해 이것이 가능해지는 것은 양식화된 동작보다 직접적인 동작을 활용한 덕분이다. 그녀가 과정 중심 작업에서 무용수에게 요구하는 '기술'은 신체적, 감정적, 연상적 인식의 상호 연결에 대한 경험적 이해로 이러한 과정 안에 치유적 요소가 있는 것이다.[168]

2) 즉흥적 동작의 자기표현

안나 할프린은 인간이 가진 육체적 상상력의 깊이를 깨닫고 현대무용의 인습에 의해 차단되어 버린 무한한 가능성을 발견하기 위한 선택으로 자기만의 즉흥적인 움직임을 추구하였다. 춤을 통한 자기표현은 인간의 기본 욕구를 충족시킨다.

마리안 체이스는 "정서를 표현하는 근육 활동이 춤의 기초이며 그런 활동을 만들어 내는 수단이므로, 춤이 심각한 정신과 환자를 회복시키는 강력한 의사소통의 수단이 될 수 있을 것이다."[169]라며 춤을 통한 자기표현을 통해 긴장을 이완시키거나 저하된 에너지를 상승시키는 치유를 넘어 치료가 가능함을 피력했다. 안나 할프린 역시 "동작이 양식화된 자기 억제에서 벗어나 정형화된 몸에서 자유로울 때 동작과 느낌 사이에 본질적인 피드백 과정이 일어난다."고 말한다.[170] 즉, 동작으로 자신의 느낌을 자유롭게 표현할 때 느낌의 자유, 일종의 해방감을 통해 치유가 일어난다는 것이다.

3) 공동체성

작품 속에서 공동의 목표를 성취해 나가기 위해 지속적으로 노력해 온 할프린이 작품의 수행 과정에서 중요한 목표로 삼은 것은 바로 공동체성의 회복이다. 참여자들은 작품의 움직임에 동참하게 되는 것만이 아니라 함께 먹고 함께 생활하는 가운데 공동체를 경험하고 그것을 회복하고자 하는 공동의 목표를 가지게 되는 것이다.[171]

공동체를 이루어 무용 활동을 하는 것은 각 구성원이 같은 목적을 가지게 되는 동시에 집단 간의 상호 소통을 하고 창의력을 높여 준다. 공동체 구성원은 서로 의지하며 상호 작용을 하며 개인만이 아니라 집단의 성장을 이루기 위해서도 공동체의 목표를 공유하여야 한다. 할프린의 작업에 동참한 이들은 호기심과 취향

▲ 김미영-관심병사 무용치료©김미영

에 따라 춤을 추는 취미 활동을 위하거나 개인의 적성이나 예술적 목적을 위해 참여한 것이 아니며, 다수가 주체가 되는 공공의 성격이 강하다. 따라서 이들의 춤은 '공동체를 위한 춤'이 된다.

이러한 범주 안에서 이들의 춤은 커뮤니티나 사회를 향한 광의적인 춤으로 해석될 수 있다. 공동체 중심으로 이루어지는 움직임은 서로에 대한 배려, 존중, 소통이 우선시되며 이러한 상호작용을 바탕으로 진행된다. 한 가지 주목할 점은 작품 전체의 안무와 연출은 할프린에 의해 이루어지지만, 작품을 구성하는 각각의 요소는 공동체에 의해 만들어진다는 사실이다. 공동체가 창작 과정 중에 만들어 낸 다양한 에피소드나 정서가 작품에 반영되므로 실질적으로 공동체가 결정권을 가지고 있다고 해도 과언이 아니다.[172]

존 듀이는 예술은 공동체 속에서 향유되며 그렇기 때문에 예술은 통일된 집단

▲ 김미영-장애인무용치료©김미영

적 삶의 상징이라고 말한다.[173] 할프린이 일반인들을 모집하여 과정 중심의 예술 작품을 생산해 내는 일련의 과정을 거쳐 일반인들은 공동체를 경험하고 그 안에서 자신의 역할을 생각하면서 그들이 속해 있는 사회나 그들의 관점을 작품에 반영하게 된다. 개인 혼자만의 관점이나 감정을 표현하기보다 주변과 함께 공동의 가치와 공동의 목표 안에서 나오는 창조적인 표현이 중요하다는 이론은 무용으로 접근하면 훨씬 더 유용한 요소를 가진다. 이는 공동의 창작, 집단지성, 소통과 배려가 중심이 되는 공동체 무용의 가치를 뒷받침하면서 치유적 요소로서 작용한다.

안나 할프린의 공동체는 어떤 목적을 지향하는 것이 아니라 함께라는 것 그 자체를 중요하게 여긴다. 함께라는 것에 집중함으로써 치유적 효과를 얻게 되는 것이다.

4) 자연 속 움직임의 연구

안나 할프린은 안무가와 무용수가 중심이고 관객이 무대를 바라보는 무용에서 벗어나 관객과 무용수와의 거리를 좁히기 위해 다양한 방법들을 시도했다. 〈The Planetary Dance〉는 무용수와 관객 사이의 벽을 허물고 함께 참여하여 만들어 가는 작품이다. 극장이라는 공간을 떠나 특별한 의상도 필요 없고 작품에 참여하는 사람들이면 누구나 평상시 모습으로 자연 속에서 만나 자연스럽게 움직임을 이끌어 낸다. 또한 이 작품이 천혜의 자연환경 가운데서 펼쳐진다는 점을 빼놓을 수 없다.

자연에서 움직임을 연구하는 것은 다소 시간이 걸리고 명성을 얻기도 쉽지 않지

만 할프린이 끊임없이 추구했던 작업 중 하나이다. 집중 워크숍, 수련회, 공연 등 예술 활동 전반에 걸쳐 자연과 함께하는 작업은 그녀에게는 영감의 원천이 된다. 자연을 통한 그녀의 예술 작업의 근본 원리는 "인체는 지구의 축소판"이라는 신념에 바탕을 둔다. 자연의 변화 과정은 미학적 지침을 제공하며 자연은 치유자라는 것이다.[174]

그녀는 밖에서 일할 때 경험하는 물리적인 신체의 경험과 감각의 개방을 통한 인식의 고양의 중요성을 강조하여 '무엇이 있는가에 집중할 수 있도록 물리적 신체와 감각의 신체를 분리한다.'고 강조한다.[175] 다감각적 접근법과 장소와의 감각적인 결합은 자연환경이 공연의 매력적인 배경으로 작용할 수도 있다는 점을 시사한다. 그녀는 개인적이거나 집단적인 이야기, 이미지, 그리고 관계 속에서 발생하는 감정과 더불어 자연적으로 일어나는 과정 등을 통합하는 수단으로 자연과의 작업을 선택한 것이다.

안나 할프린은 대부분의 무용 작품이 공연되는 극장이라는 공간을 벗어나 자연이라는 공간에 주목했다. 우리에게 주어진 자연이라는 환경을 배경으로 작품을 만들어 갔다. 자연이라는 공간적 성격을 비롯하여 자연에서 얻고 느낄 수 있는 것들은 무엇이든 작품에 활용했다. 자연 속에서 인간은 좀 더 자유로울 수 있었다. '나'를 표현하고 '나'를 찾고 '나'를 치유하는 데 자연은 말할 수 없이 큰 역할을 한 것이다.

2 커뮤니티 댄스[176]

현대의 커뮤니티는 근대 문명이 발달하면서 지역 · 혈연 중심이던 생활 체계가 축소되고 커뮤니티가 가진 전통적 의미는 퇴색하였다. 또한 커뮤니티가 와해되어 개인의 가치는 기계화에 파편화된 존재로 전락하게 되었다. 그런데 다시금 현대 사회에서는 커뮤니티가 가진 의미를 재건하려는 움직임이 일어나고 있다.

인간은 현대사회에 만연한 개인주의를 커뮤니티의 정신을 통해 극복하려 한다. 삶의 맥락에서 함께 누릴 수 있는 무언가를 찾아서 개인적인 성취는 물론 공동의 연대감을 느끼고자 한다. 이에 커뮤니티 댄스가 하나의 예시로 떠오르고 있다. 커뮤니티 댄스는 삶의 맥락에서 자기 성취의 의미로 중요시되면서 개인적인 자아 표현을 넘어 개인의 삶과 사회를 변화시키는 하나의 새로운 수단으로 등장하게 되었다. 한국은 1980년대를 기점으로 1990년대에 커뮤니티 댄스의 필요성을 절감하고 현재 춤 교류의 사회 · 교육적 차원의 확대를 위한 동참을 권장하고 있다.

커뮤니티 댄스는 평생교육으로 삶에 흡수되어 본연의 의미를 점차 더해 가고 있지만, 한국에서는 아직까지 커뮤니티 댄스의 합의된 담론을 갖지 못하고 있으며, 대안을 모색하는 실험적인 사회운동이라는 데 그 의미를 갖는다.[177]

커뮤니티 댄스는 시대적 흐름이 어떠한 가치를 부여하는가에 따라서 광의적 의미와 협의적 의미로 사용되기도 한다. 현대에서는 도시의 삶에서 형성된 개인주

▲ 한국펠든크라이스 박소정(Awareness Through Movement®) ©박소정

의적 삶의 양식을 옹호하면서 최대의 관심사로 떠오르고 있다. 커뮤니티 댄스를 위한 창작 활동의 연구는 문화 향유 기회의 확대와 격차 해소는 물론, 심리적 · 정서적 불안에서 오는 고통에서 벗어나 마음의 안정과 여유를 되찾고 자신을 되돌아봄으로써 소통의 부재와 단절에서 오는 타인과의 관계성을 회복하고 치유하는 데 그 목적을 두고 있다.[178]

1) 커뮤니티의 재건

개인은 문화를 통해 자신들의 개성을 표출하고 자신들의 가치를 찾으려 한다. 또한 인간은 현대사회에서 형성된 개인주의를 커뮤니티의 정신으로 극복하기 위해, 즉 개인적 성취와 사회적 삶을 함께 누리기 위해 생활 속에서 무언가를 찾고자 한다.[179]

한국에서는 지역 · 혈연이 중심이 된 마을 공동체로 이루어진 전통적 의미의 커뮤니티가 존재해 왔다. 대체로 농사를 지어 온 마을 공동체에서는 농경문화가 발달하였으며 절기에 따라 필요한 의례나 놀이를 공동으로 행해 왔다. 농악춤, 탈춤, 강강술래 등의 춤은 삶에 즐거움을 부여하는 놀이문화로 커뮤니티의 중요한 요소가 되었다. 그렇다면 과거 공동체를 이루던 지연 · 혈연의 커뮤니티가 왜 다시 주목을 받고 있으며, 왜 재건의 움직임을 보이게 된 것일까?

커뮤니티는 자연 발생적으로 이루어진 공동사회로 주민은 공통의 사회 관념, 생활양식, 전통 의식을 갖고 일정한 지역이나 공간에서 생활하는 사회 조직체였다. 그러나 점차 산업이 발달하면서 소규모로 이루어지던 가족 단위의 노동과 생산은 줄어들게 되었고, 혈연 중심의 사회는 점차 붕괴되었다. 또한 근대화의 영향으로 인간은 자신들의 일에 맞는 역할에 따라 서로 다른 도시로 이주하게 되었다. 그 결과 인간 사회는 기계화로 피폐해졌고 인간의 본성을 되찾고자 다시금 커뮤니티 운동이 일어나기 시작했다.

커뮤니티의 재건은 1960년대 후반에 시작된 포스트모더니즘의 영향으로 다시 불거진 커뮤니티 운동의 부활로 볼 수 있다. 포스트모더니즘은 실험정신, 저항성 등을 내포하며 '저항'은 여성의 불평등을 중심으로 시작된 커뮤니티의 운동에 영향을 준다. 그러므로 포스트모더니즘운동은 다시 불어온 커뮤니티 탄생에 일조했

다고 할 수 있다. 커뮤니티운동은 포스트모더니즘의 전략과 불가분의 관계를 이루어 '해체'와 '주변적인 것의 부상'과 함께하고 있다는 것에 주목하게 된다.[180] 이로써 다시 커뮤니티 운동이 출현하였고, 커뮤니티의 가치를 인식시키는 실천적 성격의 움직임을 이끌어 낸 것이다.[181]

이에 거대 국가 · 거대 시장에서는 직접 행사하고 누리기 어려운 권리와 자유를 소규모 커뮤니티 내에서 민주적인 정치, 인간적인 경제, 자연 친화적인 생활, 다양한 문화의 공존을 실험하며 자신들의 가치를 삶의 자리에서 직접 실천한다. 이는 근대적 사회에서 소외되었던 약자와 타자에 대한 관심으로 이어져 커뮤니티들은 시민사회운동으로 자신들의 의지를 표출한다.[182]

2) 커뮤니티 댄스의 의미

프랑스의 철학가 이브 미쇼는『예술의 위기』에서 "현대 예술의 특징인 형태에 대한 관심이 사라졌고 형태적 측면의 연구를 최소화하고 내용이나 아이디어, 사회문제 등에 관심을 갖게 됐다."라고 전망했다. 아울러 "예술을 통해 뭔가 성스러운 것을 표현하는 것이 아니라 예술의 오락, 유희, 실용적인 측면이 중요해질 것이다. 관조 대상으로서의 예술형식은 중요하지 않게 된다는 의미이다."[183]라고 말했다. 이는 삶에서의 예술을 찾고, 보는 것보다 참여하는 것으로 점차 변화하고 있음을 의미한다.

농경사회로부터 커뮤니티 댄스는 우리의 삶에 자리를 잡아 왔다. 이때 커뮤니티는 '개인을 단위로 하지 않고 여럿이 삶을 함께하는 협동체'[184]를 의미한다. 인간이라는 사회적 존재의 생활에 커뮤니티 댄스는 생명의 재생과 활력을 주는 역

할을 해 왔다. 그것은 마을굿의 제의적 기능과 풍농을 위한 농경 의례적인 축원의 기능, 농경 생활과 결부된 두레의 기능, 마을 사람들의 축제적인 기능, 오락과 예술적 표현의 기능을 담당해 왔던 것이다.[185]

한국 춤계에 커뮤니티 댄스의 의미를 지닌 용어가 처음 등장한 것은 80년대 후반부터 정병호가 민속춤으로서 '대동춤'과 '마을춤'을, 채희완이 『공동체의 춤 신명의 춤』에서 '민중 춤'이라는 용어를 사용하면서다.[186] 뒤이어 1990년에 김태원은 '춤 대중화'를 언급하면서 1990년대야말로 춤을 대중화할 수 있는 적기로 보았다. 또한 1970~80년대가 춤의 내향적 발전 시기라 한다면, 1990년대를 춤의 대중화를 위한 네 가지 전략을 제시했고, 그중 커뮤니티 문화의 부활을 제안했다.[187] 실제로 1990년대 중반 무용교육학회를 중심으로 '사회 춤'을 깊이 있게 다루기 시작했고, 이는 춤의 대중화를 위한 계기를 마련했다고 여겨진다.

이희선과 임혜자는 '사회 춤'에 대한 토론을 마련했다. 이희선은 1995년 제2회 무용교육학회 학술세미나에서 『평생교육으로서의 무용의 활성화 방안』을 발표했고, 부분별 · 등급별로 강좌를 구분하여 개설하는 방안을 주장했다.[188] 또한 문화체육부에서 부여하는 '생활체육지도자 자격'을 예로 들어 '시회무용 지도자 자격증' 제도의 도입과 운영도 언급했다. 임혜자는 1996년 2월 출간한 『무용교육이란 무엇인가』의 「평생활동으로서의 무용」에서 '사회 춤'의 개념을 서술하고 필요성을 강조했다. 두 사람은 '사회 춤'의 필요성을 절감하고 춤 교류의 사회 교육적 차원의 확대를 위한 동참을 요구하고 있다.[189]

2000년에 저자(이찬주)는 『춤-all that dance』에서 신체적 활동은 희로애락의 표현이며, 유희성과 창조성을 통해 예술을 경험한다고 말한 바 있다. 제4장에서 생활에서의 춤은 남녀노소를 망라한 자발적 참여의 평생활동이라 강조한 바 있는데[190] 이는 춤이 활기찬 생활의 밑거름이 되어 삶의 질을 한 단계 끌어올리는 데 그

목적을 두고 있기 때문이다. 2011년 김채현은 『한국에서 커뮤니티 댄스의 의미』에서 커뮤니티 댄스는 공동의 정체성을 기반으로 일정한 전문성을 활용하는 춤 활동이라고 언급한 바 있다.[191]

2008년에 접어들면서 커뮤니티 댄스는 자기 성취와 삶의 맥락의 의미로 중요시되었고, 점차 관심이 높아진 결과로 워크숍과 공연의 숫자가 큰 폭으로 증가하였다. 커뮤니티 댄스는 개인적인 자아 표현을 넘어 개인의 삶과 사회를 변화시키는 수단으로 사회재건주의적 경향에 초점을 맞춰 굳건히 자리 잡아가고 있다.

3) 예술적 개발의 의미

서유럽과 미주를 중심으로 발전해 온 커뮤니티 댄스는 공통의 사회적 정체성에 기반을 둔 다양한 사람들이 춤을 통해 삶의 즐거움, 관계 회복, 치유, 치료 등의 효과를 얻는 춤 활동이다.[192] 2000년대에 들어서면서 춤계의 세계적인 거장들이 커뮤니티 댄스를 통하여 일반인을 무대로 끌어들였다.

독일 안무가 피나 바우쉬는 지역의 청소년들과 함께 자신의 안무작 〈콘탁트호프(Kontakthof)〉를 무대에 올렸고 그 과정이 《피나 바우쉬의 댄싱 드림즈》라는 다큐멘터리로 제작되었다(라이너 호프만, 2011).

한국에서는 장은정이 이끄는 '프로젝트 그룹 춤추는 여자들'의 〈당신은 지금 바비레따에 살고 있군요〉(2010), 안은미의 '땐쓰 시리즈'인 〈조상님께 바치는 댄스〉(2011), 〈사심 없는 땐쓰〉(2012), 〈아저씨를 위한 무책임한 땐쓰〉(2013), 정영두 〈먼저 생각하는 자-프로메테우스의 불〉(2012), 최경실(최보결)의 〈춤추는 논객: 길 위의 사람들〉(2012)과 〈Dancing with Karma〉(2013) 등을 커뮤니티 댄스 작품

▲ 춤추는 사람들 -당신은 지금 바비레따에 살고 있군요(2011) ©옥상훈

으로 꼽을 수 있다. 그 가운데 프로젝트 그룹 춤추는 여자들의 작품은 무용가들과 연극배우가 함께 중년 여성의 의미와 성정을 다루는데, 작품 마지막 부분에는 관객들과 대화도 나누고 함께 어우러진다. 이 작품은 해마다 다른 버전으로 공연하고 있다.

안은미의 '땐쓰 시리즈'는 작품마다 연령대별로 출연자들을 모집하여 그들과 함께 작품을 만들어 간다. 〈조상님께 바치는 댄스〉는 장년층과 노년층의 일반인을 대상으로, 〈사심 없는 땐쓰〉는 청소년을, 〈아저씨를 위한 무책임한 땐쓰〉는 중장년 남성들을 대상으로 한다. 〈사심 없는 땐쓰〉의 경우, 한 고등학교를 특정하여 지원자를 모았다. 위에 언급된 커뮤니티 댄스 작품은 대체로 국적 · 나이 · 성별을

초월해 누구나 참여하여 전문가에게 춤을 지도받는 것을 넘어서, 서로 교류하고 직접 춤을 창작할 수 있다는 것이 큰 특징이다.

또한 춤 예술 커뮤니티 댄스 활성화를 위한 다양한 프로그램이 실행되었다. 서울문화재단의 서울창의예술 중점운영학교 프로그램(예술로 돌봄), 서울문화재단의 생각하는 호기심 예술학교(초등학교 저학년 방학 프로그램), 한국문화예술교육진흥원의 꿈다락 토요문화학교(국립무용단과 함께하는 꿈다락 토요문화학교 '재잘거리는 몸, 숨 쉬는 몸'), 홍은예술창작센터의 커뮤니티댄스 프로그램 '몸, 좋다', 문화관광부의 정동극장(신라 신화를 품은 몸짓 이야기), 서교 예술 실험센터의 똥자루무용단 등 2000년대 후반에 국가에서 지원하는 프로그램들이 많이 생겨났으며, 한국인의 정서와 성별에 맞는 춤 프로그램을 확대하여 개발하고 있다.

이들 프로그램과 공연에 참여했던 일반인들은 몸을 언어로 하여 다른 사람들 앞에 나서는 것과 몸을 사용하는 것에 대한 쑥스러움과 두려움이 처음에 앞섰지만 이를 통해 자신에 대해 깊이 생각하는 계기가 되었다는 의견을 표했고, 무대에 오르기 위한 연습 과정조차도 큰 감동이었다고 전한다. 또한 시간이 흐르면서 점차 스스로 자신의 몸을 통해 열정을 분출했다고 한다.[193] 이처럼 커뮤니티 댄스는 내 안의 나를 응시하고 인간의 본성을 찾아 나간다. 그들은 비록 서툴지만 '몸'을 통해 소통하는 법을 배우고, 몸짓으로 소통하는 강렬한 경험을 배우면서 육체적 · 정신적으로 성장한다. 그뿐만 아니라 전문가들은 신선한 그들의 몸을 통해 새로운 느낌을 얻기도 한다.

그러므로 커뮤니티 댄스의 범위는 개인과 사회 간의 춤적인 삶의 복원을 위한 춤 예술 활성화 프로그램까지도 모두 포함한다고 할 수 있다. 국립무용단과 현대무용가 그리고 일반인과의 만남은 전문가와 비전문가의 관계로 넓게는 '예술적 개발의 의미'를 지닌다.[194]

4) 대중문화로서의 의미

문화예술은 인간의 존재를 보다 높은 차원으로 이끌어 주고, 인간이 행복을 추구하는 데 사용되며, 인간이 속한 사회 전체를 아우르고 발전시킬 수 있는 보다 고차원적인 가치를 지닌다. 사실 이제까지의 예술은 아름다움을 표현하고자 하는 인간의 의미론적 활동 부분을 제외한 채, 높은 경지의 숙련된 기술을 바탕으로 만들어진 작품에 초점을 두어 왔다.[195]

현대는 다원적 사회로 변화하고 있으며, 이러한 시대적 흐름에 맞추어 문화예술 활동도 고차원적인 형태로 바뀌어 가고 있다. 우리는 주변과 대화하고 소통하

▲ 안은미-조상님께 바치는 댄스(2019) 대구시립미술관 ©장용근

며 새로운 것을 받아들이고 다양한 문화의 가치들 생각해 보면서 진정한 사회 통합을 이루어 갈 수 있다. 이러한 결과로 생성된 공감 능력을 바탕으로 다양한 가치들이 존중되는 가운데 커뮤니티 댄스가 형성되었다.

커뮤니티 댄스는 개인과 타인과의 체험을 통해 함께 배우고 더불어 성장하며 행복한 삶을 방법을 찾아간다. 우리는 춤을 통해 서로의 문화를 경험하고 즐길 수 있다. 춤 지식 습득을 뛰어넘어 함께 소통하고 만나는 문화의 장(場)에서 커뮤니티 댄스는 통합의 역할을 해낸다. 커뮤니티 댄스는 대중문화의 실천으로 일상생활에서 구성된다고 본다. 이러한 경향은 지배 이념의 막강한 실천에 관심을 두는 대신, 일상생활의 저항과 회피를 이해하려고 한다.[196] 또한 개인을 규격화하는 강제성, 즉 개체성에 따라 개인을 구분 짓는 강제성에 저항한다.

이때 커뮤니티 댄스는 몸으로 감성을 표현하여 개인의 저항을 가능케 하는 발판이 된다. 이처럼 커뮤니티 댄스는 인간이 맺고 있는 사회와 문화의 관계 내에서 적절히 결합된다. 그러므로 커뮤니티 댄스는 대중문화로의 의미로서 이해될 수 있으며 그 방향성 또한 앞으로 변화해 나갈 것이라고 예측할 수 있다. 이렇듯 커뮤니티 댄스는 생활에서의 춤으로 삶에 흡수되어 본연의 의미를 점점 더해 가고 있다.

5) 커뮤니티 댄스의 창작 활동 역할

(1) 교육적 측면

춤의 창작 활동은 학생이 개별적인 관심과 선택에 따라 추구하는 자율적이며 능동적인 행위자임을 인식하는 데서 출발한다.[197] 이들의 자율적 행위에서 의례적이

고 의식적인 활동이 창조되고 선택된다. 그러나 커뮤니티 댄스는 규율성을 지닌 규정된 행위와 제약의 변화를 가져올 수 있다. 그럼에도 이 속에서 각각의 방식으로 창의성이 꽃핀다. 그것은 집단 속에서의 개인적인 중요성을 강조하고 이를 통해 커뮤니티를 인지하고 화합하게 한다.

춤은 감정이나 정서에 관하여 설명하는 데 유용하다는 점이 특징적이다.[198] 커뮤니티의 학습은 일반인들의 흥미와 관심과 욕구에 따른 선택을 존중하는 동시에 규율을 중시한다. 이러한 춤의 개성적 관계에서 스스로 알고 있음을 깨닫게 되는 것이다. 커뮤니티 댄스는 조직의 미동을 일으켜 상호 작용을 촉진시킨다. 미동과 진동의 관계 안에서 동작에 의한 지각의 방법을 발견한다. 이처럼 각자 지닌 고유한 본성을 자율성에 맡겨 두고 시행착오를 겪으며 커뮤니티를 자연스럽게 발전시키는 것이다.

춤이 참여자의 자발적인 구성으로 만들어진다고 볼 때, 타자와 함께 연습하고 표현 방법을 익힌다는 점에 커뮤니티 댄스의 역할이 주어진다.[199] 라반은 움직임을 통하여 운동지각능력(kinesthtic awereness of movement)을 개발시킬 수 있다고 주장한다. 이러한 개념들은 움직임의 내용 인식을 넓히는 데 도움을 주고, 움직임의 이론과 적용을 바탕으로 한 춤을 만들도록 돕는다. 전문가는 이를 위해 필수적으로 사람들의 움직임을 관찰, 분석하고 이해해야 하며, 움직임의 기본 개념을 마련해야 한다.

커뮤니티 댄스의 선두 주자 피나 바우쉬는 서로의 동작들을 단순히 쳐다보기만 하는 것이 아니라 이를 넘어서 서로가 그 다양한 움직임들을 다르게 받아들이고 감각하는 것에 있다고 하였다. 그녀는 자신의 부퍼탈 탄츠테아터의 모든 작품들도 최종적으로는 춤추는 사람들이 갖고 있는 예민한 예술적 감각을 바탕으로 창작되었다고 밝히고 있다.[200]

커뮤니티 댄스의 교육적 측면은 인간의 보편적인 감정을 전제로 한다. 즉, 참여자는 자신의 감정을 움직임으로 표현하는 방법을 배울 수 있다. 사실 그것은 춤 이론과 춤 동작을 학습하지 않더라도 자연스럽게 발현될 수 있는 것이기도 하다. 이러한 측면에서 커뮤니티 댄스는 기능적 동작이 아니라 자신의 표현력을 발산하려는 시도라 할 수 있다.

▲ 피나바우쉬- 독일부퍼탈 묘소(2019) ©장승헌

춤은 움직임이라는 매개를 통해 내면의 감정을 표출하여 미적으로 표현하는 예술로서 동시대의 문화를 이해하게 도와준다. 이를 통해 춤의 원초적 즐거움을 얻을 수 있고, 춤의 흥미를 갖게 되는 긍정적인 영향을 받게 된다. 그러므로 피나 바우쉬의 말처럼 서로의 개성적 관계를 보여 주며, 이를 통해 움직임으로 동작의 의미를 활성화시키고 유기적 구조를 통해 역동성을 나타낸다.[201]

커뮤니티 댄스의 교육적 역할은 신체의 미적 표현 활동, 즉 춤에 의한 미적 경

험의 고취와 사회 전반의 건전성을 유지하는 데 있다.[202] 이렇듯 커뮤니티 댄스의 교육적 역할은 일반인 모두를 대상으로 하는 대(對)사회적인 기능으로[203] 몸의 새로움을 찾으려는 성취감의 발로를 갖는다. 또한 커뮤니티 댄스는 인간관계의 접근[204]과 창의적인 표현을 고취시켜 심미성을 기르고 개인의 관계성과 집단 관계에서 오는 사회와 국가 전체를 강화하는 규율성을 기르게 된다.

나아가 커뮤니티 댄스는 사람과 환경을 밝게 하고, 사회의 구성원들과 사회 문화의 계승에 이바지한다. 사회에서 구성원을 교육하는 일은 중요한 부분으로 올바른 사회문화는 올바른 교육 아래에서 건전성을 유지할 수 있기 때문이다. 이와 같이 우리의 생활 속 커뮤니티 댄스는 큰 가치를 지니고 있으며 교육적 측면의 역할을 지닌다.

(2) 역할의 측면

커뮤니티 댄스 창작은 문화에 참여하여 춤의 진실성을 느끼고 경험하는 것에 의의를 둔다. 예를 들어, 정영두의 〈먼저 생각하는 자-프로메테우스의 불〉에서 화성인이 지구인의 침략을 피해 이주하는 장면이 등장하는데, 이때의 동작은 일반인 참가자들이 아이디어를 낸 것으로 구성되었다.

억압되지 않은 커뮤니티 댄서들의 움직임은 신선하다. 이것이 커뮤니티 댄스를 통해 이룰 수 있는 '커뮤니티 댄서'들의 탁월한 장점이다. 그리고 이것이야말로 커뮤니티 댄스 창작이 지니는 생명력이라 할 수 있다. 이러한 커뮤니티 댄서들이 추는 춤의 의미를 피나 바우쉬나 안은미, 정영두 등 전문가가 전해 주는 커뮤니티 댄스에서 얻게 되는 춤의 의미를 혼동해서는 안 된다. 커뮤니티 댄서들이 춤의 세련된 기교를 통해 특별한 결과를 만들어 내는 것은 아니다. 커뮤니티 댄스의 역할은 참여자들이 춤의 진실성을 느끼고 경험하게 되는 것에 있다. 그러므로 전문가

는 커뮤니티 댄서들의 경험을 자극하고, 몸의 언어를 통해 흘러나오는 움직임의 형상에 귀를 기울여야 한다. 그리고 이들이 건네는 춤의 다양한 창조적 활동의 수행성을 완성시키는 보조적 역할임을 스스로 잊지 말아야 한다.

커뮤니티 댄스의 춤 창작의 역할은 몸짓으로 소통하는 강렬한 감정에 대한 느낌을 얻고, 이를 문화와 공존하는 세상을 살펴보는 것에 있다. 그 실례로 커뮤니티 댄스에 참여했던 일반인의 경험을 들 수 있다. 이들은 "몸이 어디까지 또 어떻게 움직일 수 있는지 생각해 본 적이 없는데 이번 기회를 통해 나에 대해 많은 것을 느낄 수 있었다. 이전에는 감정 표현에 서툴렀는데 춤을 추면서 눈물도 흘리는 등 내 안에 깊숙이 있었던 감정이 분출되는 것 같다."[205]고 말했다.

커뮤니티 댄스는 전문가들을 통해 기교를 배우는 것을 넘어 참여자들이 스스로 안무를 해 보면서 직접 창작에 참여하기도 한다. 커뮤니티 댄스의 창작 활동을 통해 일반인들의 예술적 욕구가 춤으로 형성되고 이 과정에서 축적된 관찰과 경험은 감정으로 분출된다.[206]

그런가 하면, 커뮤니티 댄스에 참여한 이들은 서로를 바라보고 기억으로 나와 다른 이를 생각하게 된다. 우리는 다른 사람과 공유하는 사회 문화적 경험과 우리의 독특한 개인적 경험으로 우리가 지향하는 커뮤니티 댄스를 통해 자아를 형성할 수 있다.[207] 커뮤니티 댄스는 춤으로 자아와 커뮤니티와의 관계에 반응하고 집단적인 공명을 강조하면서 과정에 대한 강조로 귀결된다.[208]

커뮤니티 댄스의 역할은 열린 사회로의 연장선상에 있다. 열린 사회는 자유로운 개인들이 자신의 환경을 만들어 가는 것이다. 철학자 칼 포퍼(1902~1994)는 열린 사회는 부분적으로 사회를 변혁해 나가자는 사회로 함축된다고 하였다. 그러므로 커뮤니티 댄스의 역할은 화려한 춤의 청사진을 제시하는 것이 아니다. 그보다 본질적인 의미를 갖는데, 그것은 서로 간의 배려로 건설하는 행복한 사회를

▲ 안느테레사-바이올린페이즈(2018)국립현대미술관[서울관] ⓒ이찬주

꿈꾼다는 것이다. 커뮤니티 댄스는 움직임에서 오는 신체 변화와 창작 활동의 진정한 즐거움을 느끼며 열린 사회로 가는 길을 닦는다.

커뮤니티 댄스에 관한 창작 활동의 역할은 자긍심을 고취하고 사회 참여에 대한 권한 부여에 있다. 커뮤니티 댄스는 사회적 결속을 통해 적응성을 지원하는데, 이것은 큰 틀의 심미성을 포함하고 사회 주변의 존재를 인식하고 옹호해 나간다. 특정한 상황이나 주제에 대한 개인의 기억을 자극하게 되고, 몸짓 언어를 통한 수많은 움직임의 자극 형상에 귀 기울이게 된다. 이와 같은 춤의 수행적 관계는 소통의 실제라 할 수 있다. 이처럼 개인의 자아를 존중하고 긍정적 자아의 정체성을 발전시키며, 새로운 환경에 적응할 수 있도록 돕는 방법이 커뮤니티 댄스의 중요

한 역할이다.

6) 커뮤니티 댄스의 공동체적 기능

문화를 통해 개인은 자신의 개성을 표출하고 스스로의 가치를 찾는다. 인간은 현대사회에 형성된 개인주의를 커뮤니티의 정신을 통해 극복하고자, 개인적 성취와 삶의 맥락에서 함께 누릴 수 있는, 생활에서의 춤을 찾게 되었다. 그것이 바로 커뮤니티 댄스이다.

그러한 커뮤니티 댄스는 춤을 통해 인간의 삶의 질을 한 단계 끌어올린다. 춤을 춤으로써 즐겁고 활기찬 생활환경이 조성되고 일상생활이 풍요로워지며, 사회적으로는 커뮤니티 의식을 높아져 밝고 건강한 사회가 만들어지는 것이다. 다시 말해 커뮤니티 댄스는 춤을 개발하는 구성원 개인의 심신이 변화할 수 있도록 곁에서 돕는 촉매제 역할을 수행해야 한다.

커뮤니티 댄스는 구성원의 실천적 행위와 참여를 중시하며 예술을 통해 개인의 고립과 서로 간의 무관심을 극복해 나가는 데 목적이 있다. 더불어 커뮤니티 댄스는 유희성을 향유하는 데도 무게를 싣는다. 커뮤니티 댄스는 바로 삶의 중압감에서 벗어나 본질적인 유희적 행복을 찾는 데 중점을 둔다. 개인의 삶은 특정한 사회와 현실 속에서 구성원들이 끊임없이 상호 작용하는 하나의 과정으로 구성원의 대화와 논의를 통한 협동적 노력을 가해 사회적으로 그 타당성을 확인받을 수 있다.

커뮤니티 댄서들이 격의 없이 대화를 나누고 대화를 나누는 가운데 자기반성을 하게 되고 그러한 반성이 토대를 이루어 춤을 만들어 본다는 것도 매우 중요하다.

이로써 취향을 함께하는 사람들이 공동체를 형성하여 서로를 존중하는 태도로 단체와 창작 작업을 하는 기회에서 춤이 개인적인 창조성과 표현으로부터 비롯되는 수단으로 이르게 된다.

이로써 커뮤니티 댄스는 예술 자체로서의 매력보다 자기 성취와 삶의 맥락에서 이해되는 예술의 의미를 지닌다고 하겠다. 나아가 예술 사회를 수단으로 통합, 통제, 교육, 복지 등으로 성장(成長)할 수도 있다. 커뮤니티 댄스는 삶을 살아가는 개인들에게 자기를 찾을 수 있는 힘을 주고 하나의 동력으로서 서로 상호 보완하는 관계에 있다. 그리고 서로를 위한 상승의 관계에 기여할 수 있도록 한다.

이렇듯 커뮤니티 댄스는 집단적 공명(共鳴) 속에서 개인의 중요성을 강조하고, 개인의 범위를 넘어서 점차 사회적 결속을 도모하기에 이른다. 커뮤니티 댄스는 서로를 알아 가는 과정에서 춤을 만들어 가는 활동으로 즐거움을 향상시키며, 삶에 대한 가치를 높일 수 있다는 가능성을 품고 있다. 앞으로도 예술과 삶의 경계선을 넘어 다양한 소통의 방법을 가르치고, 서로를 이해하고 도움을 주고받는 역할을 하게 될 것으로 기대된다.

Chapter 7.

현대무용의 다양한 현상

100 Years of Korean Modern Dance: A Flourishing Evolution

현대사회에서 현대무용은 다양한 흐름으로 나타나고 있다. 특히 현시대에는 과거 민족문화의 융성, 예술을 위한 예술가들의 활발한 활동을 유도하는 차원에서 한 걸음 더 나아가 예술이 시대성과 인간의 삶과 긴밀한 연관 관계를 가질 수 있는 문화부흥을 원한다. 따라서 현대무용, 특히 컨템포러리 댄스는 소통, 화합, 문화 경쟁력이라는 기본 방향에 대한 이해와 함께 새로운 시대에 없어서는 안 될 무용예술을 새롭게 산출하기 위해 모색될 필요가 있다.

그리고 2012년 〈스트릿 우먼 파이터〉, 일명 '스우파'가 전국적으로 시청률 흥행몰이를 하며, 예술춤 안으로 들어와서 춤의 영역을 확장시키고 있다. 2024년 〈스테이지 파이터〉는 예술춤이 지닌 춤사위와 호흡적 테크닉, 신비한 분위기로 대중 속으로 파고들었다. 어떤 방향으로든 진화하고 있는 춤, 대중춤과 예술춤의 경계에 대해 알아보고자 한다.

더불어 세계화를 지향하는 현대사회에서는 다문화가 공존하는 현상이 나타나고 있다. 따라서 다양한 문화가 공존하는 현시대의 요구에 부응할 수 있는 현대무용 창작이 나아갈 방향에 대하여도 모색해 보고자 한다.

1 컨템포러리 댄스의 안무 흐름[209]

21세기 문화에 대한 관심은 국가경쟁력의 차원에서 검토되고 있다. 국정기조에 등장하는 '문화융성'은 역사적인 흐름에서 볼 때 새롭게 등장한 개념이 아니다. 시대적인 안정이나 발전을 이룰 때 언제나 등장하는 개념이었다. 우리 역사에서 문화융성의 사례는 통일신라, 고려시대 불교문화, 조선조 세종 시대, 영 · 정조 시대를 꼽을 수 있다.[210] 이 시기 동안 한국의 문화는 발전을 하였다.

또한 서양의 경우 '문화융성의 대표적인 사례인 르네상스를 가능하게 했던 것은 사적 혹은 공적 후원자들의 경제적인 후원이 있었기 때문이며, 이러한 시기 이후에는 건축가, 화가, 조각가들의 사회적 지위가 높아지고, 그에 준하여 예술에 대한 사회적 인식도 달라졌다.'[211]

동 · 서양을 막론하고 문화융성의 시기는 각 시대의 요구와 함께 인간의 행위를 통해 만들어지는 문화가 삶에 지대한 영향을 미칠 수 있다는 인식에서부터 출발한다. 근대 이후 현대사회에서도 문화가 갖는 위대한 힘과 함께 문화를 통한 자국의 경쟁력을 높이고자 하는 정책의 방향성이 제고되기 시작한 것은 20세기 후반 유럽에서부터였다.

대표적인 사례는 1980년대 시작한 프랑스의 문화정책이었다. 프랑스의 문화정책은 미테랑 대통령의 지지를 통해 프랑스의 현대문화를 발전시키는 데 기여한

▲ 이정연-Lucid Dream in Metaverse(2022) ©손관중

바가 높다. '미테랑 대통령은 문화를 생활 그 자체로 표현하며 인간의 삶에서 문화가 절대적으로 필요함을 역설하였고, 문화의 중요성을 강조하였다.'[212] 이와 같은 정책은 1990년대 들어서면서 유럽과 미국, 아시아 지역의 문화정책 기조에 많은 영향을 미치게 된다. 이렇듯 문화융성을 지향하는 시대에는 범국가적인 차원에서 문화정책의 방향을 설정하는 것이 일반적인 특징이라 할 수 있다. 그렇다면 문화융성 시대 컨템포러리 댄스의 안무 방향은 어떻게 이루어져야 할 것인가.

1) 컨템포러리 댄스의 안무 방향

먼저 컨템포러리 댄스는 동시대의 춤이라 규정할 수 있다. 따라서 모던 댄스와 컨템포러리 댄스는 구분될 필요성이 있다. 현재 무용학 연구에서는 모던댄스, 포스트모던댄스, 컨템포러리 댄스를 구분하고 있다. 컨템포러리 댄스는 포스트모던 댄스 이후 출현한 춤으로 규정하고 있는데,[213] 실제로 무용학 연구에서 컨템포러리 댄스는 공통된 형식으로 규정할 수 없는 새로운 춤들을 총칭하는 개념으로 사용하고 있다.

또한 모던 댄스는 안무가의 스타일과 자유정신을 통한 표현성을 강조하는 춤의 형식으로 이미 규정하고 있으며, 포스트모던 댄스 역시 표현성을 거부하면서 움직임 자체에 몰입하는 형식이라는 공통된 특성을 가지고 있는 무용 사조로 자리잡고 있다. 그러나 컨템포러리 댄스의 경우는 이와 달리 현대 다양한 관점에서 개념이 규정되고 있다. 따라서 컨템포러리 댄스는 하나의 사조로 규정하는 것이 아니므로 "지금 여기"에서 새로운 안무와 공연으로 이루어진 모든 춤들을 컨템포러리 댄스에 포함시킬 수 있다.

컨템포러리 댄스는 시대성을 반영하면서 새롭게 창작되는 모든 무용예술을 포괄하는 개념이다. 따라서 흔히 분류되는 한국무용, 발레, 현대무용이라는 세 장르의 구분과는 달리 시대정신과 새로운 움직임의 탐구에서 비롯된 이 시대의 새로운 춤이라 규정할 수 있다. 이에 새로운 창작 활동 전체를 통칭하는 용어로 사용한다.

▲ 김정훈-You are not alone ©옥상훈

▲ 박종현 -모시는 사람들(2021) ©손관중

2) 문화융성을 위한 컨템포러리 댄스 교육

컨템포러리 댄스 안무가 성공적으로 수행할 수 있도록 유도하기 위해서는 안무 교육의 새로운 방향 설정이 필요하다.

컨템포러리 댄스 안무의 발전을 위해서는 우선 문화에 대한 인문학적 교육이 필요하다. 왜냐하면 문화상품으로서의 가치와 정체성, 다문화에 대한 이해, 해석 능력 등을 기르기 위해서는 안무가로서 문화에 대한 사고를 할 수 있는 인문학적 능력이 있어야 하기 때문이다. 따라서 무용 작품의 브랜드화를 위해서는 가치재 및 유통, 마케팅에 관련된 기본적인 이해가 필요하고, 다문화에 대한 이해를 위해서는 역사 · 철학 · 미학 · 문화에 관한 인문학의 사유에 대한 이해가 필요하며, 다양한 문화와 자신의 문화적 배경의 정체성을 해석하기 위해서는 해석학 · 기호 · 소통 등에 관련된 이해가 필요하다. 이에 컨템포러리 댄스 안무가를 육성하기 위한 교육에서는 인문학에 관련된 교과과정 운영이 필요하다.

또, 다문화를 이해하고 전 세계의 공통된 공연형식을 이해하기 위한 레지던스 프로그램을 운영할 필요가 있다. 이는 공적자원의 배분이 필요한 영역이다. 국제교류에 관련된 연구를 보면, 2008년 기준으로 국제교류를 유도하면서 전 세계적으로 예술인 창작 활성화를 위한 레지던스 프로그램이 800여 개에 달한다고 제시하고 있다.[214] 레지던스 프로그램은 전 세계의 다양한 문화적 배경을 가지고 있는 예술가들의 공동 작업을 통해 창작 활성화 및 창작 기반을 정착시키는 데 기여하는 바가 높다고 할 수 있다. 따라서 컨템포러리 댄스의 안무를 긍정적인 방향으로 유도하기 위해서는 자체적인 레지던스 프로그램에 참여할 수 있는 개방형 교육과정이 필요하다. 이 과정에서 레지던스 프로그램의 운영만이 아니라 세계적인 레지던스 프로그램과의 협약 체결과 같은 방식으로 학생들의 파견 교육

▲ 최상철-그들의 논쟁(2024) [이정우] ©손관중

프로그램 운영 또한 가능해질 것이다.

마지막으로, 타 예술 영역과의 교류를 유도할 수 있는 개방형 교육과정의 운영이 필요하다. 이 시대의 새로운 공연 형식은 장르 해체, 융복합 등과 같은 활동들을 통해서 개발되고 있다. 새로운 공연 형식은 관객의 문화 향유에 미치는 영향이 매우 높으며, 더 나아가 컨템포러리 댄스의 브랜드화 · 세계화 · 일상화를 유도하는 새로운 접근 방식으로 수용되고 있다. 따라서 안무교육을 수행하기 위해서는 타 예술과의 협업, 공학의 원리를 이해하여 기술매체와의 융합 등과 같은 교육과정이 필요하다. 이 과정에서 안무가 단순히 타 예술의 보조적인 역할을 수행하는 것이 아닌 적극적이고 전문적인 안무 과정을 수행할 수 있는 안무가를 육성할 수 있으며, 다양한 영역과의 융 · 복합을 시도하는 데 적극적인 안무 활동을 할 수 있는 인력을 배출할 수 있다.

이 시대의 문화융성은 과거 민족문화의 융성, 예술을 위한 예술가들의 활발한 활동을 유도하는 차원에서 한 걸음 더 나아가 예술이 시대성과 인간의 삶과 긴밀한 연관 관계를 가질 수 있는 문화부흥을 의미한다. 따라서 이 시대의 문화융성을 위한 컨템포러리 댄스 안무가들은 소통, 화합, 문화 경쟁력이라는 기본 방향에 대한 이해와 함께 새로운 시대에 없어서는 안 될 무용예술을 새롭게 산출하기 위한 방안을 모색해야 한다.

이러한 문화융성을 위한 컨템포러리 댄스 안무가들의 활동을 유도할 수 있는 가장 근본적인 과정이 바로 안무교육의 영역이라 할 수 있으며, 시대 변화에 능동적으로 대처할 수 있는 능력을 기르는 것이 현시대의 안무교육의 특성이라 할 수 있다. 컨템포러리 댄스 개념에 비추어 볼 때, 컨템포러리 댄스는 언제나 새롭게 등장할 수 있는 춤이며 시대성을 담보로 하는 특성의 공연 형태이다. 이와 같은 불확정성과 다양성은 컨템포러리 댄스 안무가가 언제나 새로운 창작 활동을 수행할

수 있는 소양을 갖추어야 함을 의미하여, 이러한 소양이 바로 문화융성의 밑거름이 될 수 있다.

▲ 이지희-바다와 조각들(2021) ©손관중

2 대중춤과 예술춤의 경계[215]

2021년 엠넷(Mnet)에서 방송한 〈스트릿 우먼 파이터〉, 일명 '스우파'(2021년 8~10월)가 히트를 치면서 전국적으로 시청률 흥행몰이를 했다. 여자 스트리트 댄스 크루 서바이벌 프로그램인 스우파는 2022년 5월에 개최된 제58회 백상예술대상에서 TV 부문 예능작품상을 받았다. 현재 스우파는 여고생 댄스 크루를 선발하는 〈스트릿댄스 걸스 파이터〉(2021년 11월~2022년 1월)에 이어 남성 댄스 크루를 대상으로 〈스트릿 맨 파이터〉(2022년 8월~현재)까지 만들어져 시리즈를 이어 가고 있다. 이러한 춤들이 예술춤 안으로 들어와서 춤의 영역을 확장시키고 있다.

같은 방송사가 기획한 〈댄싱 9〉(2013년 7~10월)은 댄스 서바이벌 프로그램의 신호탄이라고 할수 있다. 시즌 2(2014년 6~8월)에 이어 시즌 3(2015년 4~6월, 기출연자 팀 배틀)까지 갔었다. 그중 시즌 2에서 우승한 이가 김설진이다. 그 외에 〈댄싱 9〉에 김혜경 · 최수진 · 이윤희 · 안남근 · 한선천 · 이선태등 현대무용 춤꾼들이 출연한 바 있다.〈스테이지 파이터〉(2024년 9~11월)는 예술춤이 지닌 춤사위와 호흡적 테크닉, 신비한 분위기로 대중 속으로 파고들며 김혜현 · 김현호 · 고동훈 · 김영웅 · 윤혁중 · 양성윤 · 장준혁 등 현대무용 젊은 춤꾼들을 알렸다. 이는 대중들에게 안무가와 작품의 동등한 위치로 무용수를 끌어올리는 견인차 역할을 했다.

▲ 윤전일-The One [한선천] ©옥상훈

▼ 김영웅-퍼펙트웨더(Perfect Weather) [권영주, 김가람](2024) 서울무용제제공 ©송우람

▲ 최재혁- 위도0° [윤혁중] ©손관중

1) 춤 영역의 확장

크리에이티 그룹 '무버(Mover)'의 김설진은 '백업댄서'로 활동하다 뒤늦게 대학에 들어갔다. 서울예대에서 고(故) 김기인 교수와 한예종에서 안성수 교수를 사사했으며 안성수 픽업그룹, 피핑톰 무용단(벨기에)에서 활동했다. 앰비규어스 댄스 컴퍼니의 김보람도 백업댄서로 먼저 활동하고 대학(서울예대)에서 무용을 전공한 케이스다. 안성수 픽업그룹에서 현대무용수로 7년간 활동했다. 김설진이 벨기에에 가면서 픽업그룹에 김보람을 소개해 주었다고 한다.

현재는 이재영 · 정철인 · 정재우 · 김현호 등이 스트리트 댄스에서 예술춤 영역으로 넘어온 남성 춤꾼들이다. 그들은 예술춤에 발을 들여놓으면서 지금 춤계가 말하는 상위문화, 즉 순수예술춤의 주류를 이루는 사람이 되었다.

경우는 다르지만 외국에는 타 예술을 전공하거나 다른 직종에 있던 사람이 안무가로서 춤 주류로 들어온 사례가 제법 있다. 필립 드쿠플레는 서커스에서 춤계로 넘어왔으며, 조세 몽탈보는 건축과 미술에서 안무가가 되었다. 그들은 모두 새로운 춤의 시대를 열고 있다. 또한 얀 파브르는 조각가에서 안무가로서 춤에 안착했다. 프랑스의 카롤린 칼송도 마찬가지이다. 춤이 아닌 다른 분야를 공부한 이들은 자신들이 배운 것을 춤에 접목하여 춤 영역을 확장하고 있다. 춤을 전공하지 않고도 춤의 세계에 편입해 당당히 주류가 되었다.

한국에도 이런 인물들이 있다. 영문학을 공부하고 미국 유학에서 무용을 전공한 홍신자(숙대 영문과), 신문방송학을 전공했다가 미국으로 유학을 가서 무용을 전공하게 된 안성수, 섬유공학에서 대학원에서 무용을 전공한 홍승엽(경희대 섬유공학)이 전공을 바꾼 무용인으로 잘 알려져 있다.

한편 예술춤 안무에서 일상의 다양한 동작을 차용하기도 했다. 그중 하나가 요

▲ 김설진 피핑톰 무용단-반덴브란덴가 32번지 LG아트센터제공 ©Herman Sorgeloos

가 동작이다. 저자(이찬주)가 『세계를 누비는 춤예술가』(2017)를 위해 취재차 유럽에 갔을 때였다. 파리의 엠마누엘 갓 무용단 단원인 김판선을 인터뷰하면서 요가가 신체 연습에 미치는 영향이 크다는 말을 들었다. 특히 "몸의 파장을 배우니깐 퍼스널 과정으로 충분히 흥밋거리가 된다."고 그는 말했다. 벨기에 로사스 무용단에서는 관련 책을 판매하여 구입하기도 했다. 저자도 요가를 배우며 당시 현대무용 공연의 하이클래스(High class)에서 그 동작을 사용한다는 걸 알았다. 요가

가 춤 영역에 들어온 것을 눈으로 직접 확인한 것이다.

2) 유행을 선도하는 춤예술, 스트리트 댄스

앞서 언급한 '스우파'와 '스맨파'를 보면서 사람들은 스트리트 댄스에 열광했다. 스트리트 댄스는 대중문화에서 나타난 춤 전반을 아우르는 용어로 스트리트 문화에서 발생되었는데, 특정 형식이나 목적, 장소 등에 얽매이지 않고 자유롭게 추는 춤을 말한다. 힙합과 비보잉, 팝핀, 락킹, 왁킹, 프리스타일, 크럼트, 하우스를 포함해서 총 여덟 종류가 있다. 각 종류마다 '크루'라고 부르는 이들이 자리 잡고 있고 구성원의 세대와 색깔도 다채롭다.

크루를 이끄는 리더는 연령대가 높지 않아도 쟁쟁한 실력을 가지고 있으며 교육 면에서 활동이 활발하다. 이번에 스우파에서 우승한 허니제이(정하늬, 1987년생)는 KAC한국예술원 실용무용과와 경희대글로벌미래교육원의 교수로 활동하고, 스우파에 참가한 모니카(신정우, 1986년생)는 호서예술실용전문학교 교수로 활동하고 있다. 근래 실용댄스 전공의 대학들은 설립된 지 불과 몇 년밖에 안 됐지만 학생들 수가 예상을 뛰어넘을 정도로 많았다. 스트리트 댄서의 특정한 움직임이 유행을 만들어 낸다는 것은 그만큼 파급력이 있음을 의미한다. 다만, 춤계 순수 춤예술을 상위문화로, 스트리트 댄스를 하위문화로 본다면, 춤예술은 예술성을 담보하는 것이고, 이들은 대중성으로 유행을 선도하고 있다고 말할 수 있다.

그런데 예술의 대중성 때문에 해고된 인물이 있다. 2009년부터 2014년까지 파리오페라발레에서 니콜라스 조엘이 총감독으로 있을 때 한 해 동안 90만 명에 가

▲ 이경은 리케이댄스-올더월즈(2024)©옥상훈

까운 관객이 오페라와 발레를 보았다. 객석 점유율이 96%에 달했고 그중 여섯 작품은 매진이었다. 파리오페라발레 역사상 최고의 실적이었으나 프랑스 문화부는 그를 해고했다. 실적에 골몰해 흥행작 위주로만 프로그램을 짰다는 게 이유였다. 시대를 선도하는 문화적 책무가 주어진 파리오페라의 수장이 흥행에만 몰두했다는 것이다.[216]

어쨌든 관객이 대중성이 짙은 작품보다 예술성이 높은 작품에 다소 흥미가 떨어

지는 것은 사실이다. 관객들은 기사나 평자들의 평을 읽고 공연을 가까이 접하기도 하는데, 그런 글을 통해서 예술춤으로 접근할 수 있지 않을까 여겨진다.

3) 예술춤의 영역

흔히 예술춤은 몸을 통해 창작자가 자신의 움직임에서 새로운 생각과 행동을 심게 된다. 춤을 창작할 때는 감각이 어떤 지시 안에 있는 것이 아니라 신체를 이용해서 동작을 만들어 내고 감정을 표현해 낸다. 우리의 몸을 통해 정신과 연결 관계를 찾고 신체 구조의 관찰을 통해 춤을 창조하며 몸을 통해 어떠한 동작에서 의미를 형성 · 발전시켜 생명적 공감 요소를 발현시키는 것으로 진정성을 느끼고 춤의 창조적 과정을 가진다. 즉 내면에서 무언가를 끌어내는 것이다.[217]

상위문화로서의 예술춤을 말할 때 그 성격이 예술성인가 대중성인가는 창조적인가 아닌가에 달려 있다고 본다. 따라서 동작만을 행하느냐 창조 활동을 하느냐에 따라 판가름이 난다. 그런데 2021년 '스우파'가 끝나고 이듬해인 2022년 방송되기 시작한 '스맨파'에서는 '스우파'에 없었던 방식이 보였다. 출연자가 자신을 소개할 때 안무가(코레오그라퍼)와 춤꾼으로 구별한 것이다. 스트리트 댄스에서는 테크닉을 배우고 나면 안무를 시작한다. 안무를 하면서 춤을 계속 춘다. 테크닉적으로 수행하는 반복에서 벗어나고 싶어서 예술춤 영역으로 넘어오는 사례가 종종 발생한다. 김설진, 김보람, 정철인, 김현호도 그러한 예에 속한다.

제르멘느 프뤼도모의 저서 『무용의 역사』를 보면 궁중춤 발레의 특징인 부레, 가보트, 빠스 삐에에 농민춤이 흘러들어 갔다[218]는 글귀가 적혀 있다. 사실상 어떤 동작 같은 것이 계층을 넘어서 서로 교류되고 있었던 것이다.

▲ 이경은 리케이댄스-올더월즈(2024)©옥상훈

대학의 전공에서 순수 예술춤인 무용과는 존속 자체가 어렵고 이미 몇몇 대학에서는 무용과가 폐과되기도 했다. 실용무용과에는 많은 지원자가 몰리고 있다. 상위문화의 춤계가 동시대 큰 영향력을 발휘하는 하위문화인 스트리트 댄스를 받아들이고 그것을 조합하고 변형하고 있으며, 그것이 빠른 속도로 전파되고 교류[219] 하고 있다는 것도 사실이다. 춤은 어떤 방향으로든 진화하고 있는 것이다.

3 다문화 시대의 창작무용 방향[220]

21세기 현대사회는 다문화의 개념이 확대된 사회이다. 이러한 현상은 우리나라에만 국한되는 것이 아니라 이미 세계적인 현상이다. 오히려 우리나라는 다른 나라들이 겪고 있는 문제에 뒤늦게 직면하게 된 것이라 할 수 있다.[221] 최근에 한국사회에 등장한 다문화 이슈는 이민, 취업, 결혼 등과 같은 영역에서 점차 확대되고 있다. 중국(주로 조선족), 필리핀, 베트남 등 아시아권에서 우리나라에 취업하러 오는 사례가 늘어나고 있고 불법 취업인 경우도 적지 않다. 아시아와 유럽에서 온 유학생 수도 현저히 증가했다. 그에 따라 국제결혼도 증가 추세에 있다.

이렇게 형성된 다문화사회에서 가장 문제가 되는 것은 사회 구성원 간의 불화와 사회 집단 간의 갈등이라 할 수 있다. 부산대 다문화연구소 권오경 교수는 한 논문에서 '다문화사회는 문화 자체가 갈등의 요인이 될 수도 있고 화합과 통합의 토대가 되기도 한다.'[222]고 했다.

한국도 단언어/다문화국가로서 필요한 제도와 법, 그리고 정책을 요구하고 있다. 이미 현재 100개의 다른 언어 배경을 가진 사람들이 한국에 살고 있다[223]고 한다. 한국이 단일민족국가라는 말이 더 이상 통용될 수 없을 것이다. 현재 한국은 한국어가 아닌 다른 언어로 말하는 사람들도 함께 살아가고 있는 사회로 변화하였다. 이러한 사회적 변동에 근거하여 다문화에 대한 개념과 다문화사회에서 예

술의 역할, 다문화와 무용 창작의 연관 관계를 살펴보고자 한다.

유네스코 헌장(1945)은 회원국들의 독립성 및 완전무결성과 관련하여 세계의 여러 문화들이 가진 '풍요로운 다양성'을 언급하고 있다.[224] 다문화에 대한 개념은 사실상 '차이'에 대한 인정과 타자와의 화합을 유도해야만 진정한 의미에서 다문화사회를 이룰 수 있다는 관점을 전제한다. 따라서 다문화사회는 '다양한 문화가 공존하고 서로의 문화에 대한 수용의 자세를 가지는' 사회를 말한다.[225]

▲ 김남식-해상 명부도(2025)©손관중

전 세계적으로 교류가 활발한 현대사회에서 다문화는 이제 피할 수 없는 현실이다. 따라서 다문화를 이루고 있는 현대사회에서 예술은 다양한 문화적 배경을 가지고 있는 대중들이 요구하는 활동을 수행할 의무가 있다. 예술은 다문화사회를 통합하고 화합할 수 있도록 유도하는 데 중요한 역할을 수행할 입장에 서 있는 것이다.

다문화 통합을 통해 새로운 문화가 만들어질 수 있는데, '새로운 문화의 창출은 곧 다문화가 지향하는 궁극적 방향이다. 이것이 바로 다문화 통합이 희망하는 사회현상이다. 다양한 문화를 하나의 문화로 전체화, 혹은 통일시키자는 것이 아니라, 새로운 문화를 거듭 만들어 내자는 뜻이다. 그래야 문화의 시대에 시대와 문화를 선도할 수 있다.'[226]

그러나 다양한 문화의 통합에서 가장 문제가 되는 것은 각 문화권이 가지고 있는 편견과 다양성에 대한 부정의 관점이다. 즉, 다름에 대한 이해 부족으로 인해 발생할 수 있는 문화적 갈등의 해소를 유도해야만 한다. 이러한 갈등의 해소에 많은 기여를 하고 있는 것이 현대사회에서는 바로 예술을 도구로 하는 통합 프로그램이다. 다문화연구소 권오경 교수는 '예술은 이념과 신앙, 민족성이 강하게 표출되는가 하면 인류 보편적 생활양식과 가치관을 잘 보여 주기도 한다. 그리고 민족적 특성과 인류보편성을 토대로 생성되는 것이 예술이다.'[227]라고 말했다.

이와 같은 측면에서 수행되고 있는 것이 다문화 예술교육이다. 현재 한국 사회에서도 다문화 예술교육을 수행하고 있는데, 이러한 다문화 예술교육은 세 가지 측면을 고려하여 수행되고 있다. 즉, '인도주의적 차원에서의 배려, 두 번째로 사회 통합에 대한 관심, 세계화 시대의 인력자원 개발'[228] 이 세 가지 측면에서 다문화 예술교육을 수행하고 있다. 이에 음악, 미술, 연극, 무용 등 다방면의 교육을 통해 한국 문화에 대한 이해를 높이고 있다.

이 중 무용 영역에서는 한국의 전통무용을 교육함으로써 한국에서 살아가고 있는 이주민들이 한국 문화에 대한 이해를 높이고 한국 전통을 새롭게 익힐 수 있는 기회를 제공하고 있다. 그 결과 춤을 통한 교육이 한국의 정체성에 대한 이해도를 높이는 데 기여하는 바가 크다는 연구 결과들이 발표되고 있다.

다문화 교육에서 궁극적인 이상은 다양한 사람들이 각기 자신을 존중하고 타인을 존중하는 태도를 갖게 함으로써 결과적으로 나와는 다른 사람을 이해하고 수용할 수 있는 기반을 만들고자 하는 것이다. 즉 다문화가정의 아이들이 보다 긍정적인 자아 개념과 태도를 갖도록 돕고, 일반 아이들이 갖고 있는 이주민에 대한 고정관념과 비판적 사고와 반응의 편견을 교육으로 치유하고자 한다.[229]

또한 한국에서 수행되고 있는 무용교육은 협의의 다양성의 관점에서만 교육이 이루어지고 있다. 그러므로 서로 다른 집단들 간의 문화가 동등하게 가치 있는 것으로 이해될 수 있는 상호 이해와 평등 관계를 중시하는 교육으로의 전환이 요구된다.

이러한 교육 시행으로 다문화사회에서 예술교육은 사회를 통합시키고 문화 상호 간의 이해도를 높일 수 있으며 예술은 문화통합, 사회통합과 같은 활동에 지대한 영향을 미치고 있다고 볼 수 있다. 그러므로 예술교육 차원에서 한 걸음 더 나아가 예술 창작 측면에서 다문화사회에 대한 고려가 필요한 시점에 이르렀다.

1) 다문화와 무용 창작의 연관 관계

무용은 이제 예술가 개인의 창작 행위로 끝나는 것이 아니라 비판적 관점에서 사회의 제반 문제를 이슈화할 수 있는 도구로서 거듭나야 할 것이다. 무용 활동은

개인적인 의미를 뛰어넘어 공적 활동으로서 문화통합을 유도할 수 있기 때문이다. 다문화와 예술을 관련지어 생각할 때, 다문화사회라는 큰 틀에서 예술 활동의 역할을 재인식해야만 예술을 사회통합의 도구로 활용할 수 있다. 이에 다문화 관점에서 무용 창작의 차원을 살펴본다.

인류의 탄생과 함께 시작된 무용예술은 역사적인 흐름 안에서 다양한 역할을 수행해 왔다. 공연예술 영역에서 발레라는 장르로 독립되었을 때 무용예술은 공교롭게도 루이 14세의 정치적 목적으로 이용되기도 했다. 궁정에서 춤을 가르치고 배우는 사이에 모종의 정치적 논의가 이루어졌다. 시대를 뛰어넘어 현대무용은 기계화되고 산업화된 현대사회를 살아가는 인간의 내적 감정을 표현하기 위한 도구로서 탄생되기도 했다. 이러한 관점에서, 무용 창작 행위는 개인의 사상과 감정을 표현하는 것만이 아니라 사회에 대한 비판적인 태도를 견지하여 이 세계에 대한 표현을 유도할 필요성이 있다.

사회에 대한 비판으로 시작된 현대무용은 문화의 발전에 따라 다양한 형식을 만들어 가며 함께 발전하였다. 초기 현대무용의 대표적인 안무가인 마리 뷔그만은 세계대전 이후 만연해 있던 인간 소외에 대한 부정적인 감정을 주제로 작품을 창작하였으며, 마사 그레이엄은 미국 사회의 문제들을 자신의 관점으로 파악하여 작품으로 표현하기도 하였다.

이렇듯 무용예술은 지금 이 시대를 살아가고 있는 인간의 사회와 문화를 안무가의 시각으로 재구성하여 다양한 이슈들을 다양한 작품 형태로 표현하여 제시하고 있다. 따라서 무용 창작이라는 행위는 시대의 변화에 따라 다양한 문화를 수용하고 그 문화에 대한 문제의식을 적극적으로 활용하여 이 시대를 살아가는 사람들에게 자신들의 삶과 문화를 재인식할 수 있는 기회를 제공하는 역할을 한다고 볼 수 있다.

▲ 김남식-해상 명부도(2024)©손관중

2) 다문화적 관점에서 본 현대무용의 실례

최근 다문화적 경향성을 가지는 안무가들의 작업을 자주 발견하게 된다. 그 가운데 2023년 서울국제공연예술제에서 공연을 올린 바 있는 벨기에 안무가 시디 라르비 쉐르카위(Sidi Larbi Cherkaoui)는 피나 바우쉬와 같이 춤과 연극을 결합한 탄츠테아터적인 성향을 보여 줌과 동시에 현시대의 다양한 문화 간의 충돌과 사회문제들을 이슈화하여 작품 창작에 적극적으로 활용하는 안무가로 널리 알려져 있다. 게다가 그 자신이 플랑드르 출신 어머니와 모로코 출신 아버지에게서 태어난 터라[230] 이미 다문화를 경험하기도 했다.

대만 현대무용단 클라우드 게이트를 창단(1973)한 이래 서서히 세계적인 안무가로 발돋움하여 동양의 피나 바우쉬로 알려진 린 화이민(林懷民)은 자신의 문화적 배경을 바탕으로 동양의 움직임을 적극 활용하거나 서양 음악에 동양적인 분위기를 덧입히는 연출 기법으로 동·서양의 문화를 융합하기도 하였다. 그런 작품을 국내에서 여러 차례 공연한 바 있다.

이에 다문화 시대를 지향하는 현대무용 창작의 방향성을 제시하기 위해 타 문화에 대한 접근 방식으로 일방향적 접근과 융합적 접근 두 가지 특성을 살펴보고자 한다.

(1) 타 문화에 대한 일방향적 접근

모던 댄스에서 다문화적 관점의 시도는 초기 모던 댄스 무용가로 분류할 수 있는 미국의 루스 세인트 데니스(Ruth St, Denis, 1880~1968)와 테드 숀(Ted Shawn, 1891~1973)에 의해서 이루어졌다. 이들은 공동으로 데니숀 무용학교를 설립하고 데니숀 무용단을 결성하여 미국 현대무용의 교육 및 창작 활동을 주도

▲ 세인트 데니스와 테드숀 ⓒ위키피디아

하였다. 이들의 활동과 관련하여 가장 흥미로운 것은 서양인으로서 동양 문화에 대한 관심이 매우 높았다는 점이다. 이는 모던 댄스 역사에서 초기 동양주의라는 경향성을 만들어 내기도 했다. 루스 세인트 데니스의 동양주의 무용에 관하여 『현대무용 인물론』(2000)에서는 이렇게 설명했다.

"루스 세인트 데니스의 초기 무용의 성격은 영감을 위주로 한 작품이었다. 이시스 담배 포스터에서 받은 영감은 독자적인 무용 스타일을 개발하는 데 많이 작용했으며, 이로 인해 아시아 종교에 흥미를 갖게 되었고 자연히 그녀의 통찰력은 '동양주의'에 남다른 공헌을 했다. 그녀는 세계를 여행하며 인도, 중국, 일본, 자바 등지의 종교 무용과 궁중무용 및 앗시리아-바빌론 고대 예배의식을 연구했다. 〈신화 속의 여신〉, 〈신상(神像)〉으로 유명했던 데니스는 낭만적인 상상력을 마음껏 나타내는 무용 스타일을 개발했을 뿐만 아니라 여성적인 곡선미, 매력을 구체화시킬 수 있는 신체적인 능력도 가지고 있었다."[231]

이와 같이 루스 세인트 데니스의 동양문화에 대한 관심은 실제로 자유로운 정신을 춤으로 표현하는 모던 댄스의 정신을 통해서 그 결실을 보게 되었으며, 그의 남편이자 동료인 테드 숀과의 공동 작업을 통해 더욱 빛을 발했다.[232]

데니스와 테드 숀의 이러한 작업에서 데니스는 당시의 '동양적인 것이라면 무엇이든 사족을 못 쓰던 사교계 여성들을 비롯하여 당시 관객들에게 이루 말할 수 없을 정도로 이국적인 것으로 보였다. 데니스가 만든 인도 춤에는 겉으로 보기에는 나긋나긋한 팔놀림으로 유명했던 〈향기(The Incense)〉(1906)와 몸부림치며 돌진하는 뱀의 모습을 팔로 묘사한 〈코브라〉(1906)도 있다.'[233]

이들의 작품은 동양의 문화에 대한 적극적인 관심과 해석을 바탕으로 창작되었는데, 동양의 문화 중 신화 · 종교 · 일상생활과 같이 다양한 부분에 관심을 가지고서 다양한 동양 문화를 자연스럽게 미국에 소개하는 역할을 하게 된다. 당시 사회적인 분위기의 영향이기도 했던 이들의 동양 문화에 대한 해석은 동양적인 것, 예를 들어 동양적인 움직임을 비롯해 음악 · 의상 · 소도구 등을 차용함으로써 표현되었다. 이는 당시 미국인들에게 신비로움을 유발할 수 있는 요소로 작용

▲ 테드숀-Osage-Pawnee Dance of Greeting(1930) ©Robertson

했으며, 이후 그들이 타 문화를 해석하여 새로운 춤으로 창작하는 계기가 되기도 한다.

동양 문화에 대한 관심을 바탕으로 이루어진 동양춤에 대한 자유로운 해석을 유도한 데니스와 숀 두 사람의 활동은 동양 문화에 대한 일방향적인 접근에서 이루

어진 창작의 경향성이라 규정할 수 있으며, 서양 문화 속에서 살아가는 사람들에게 동양 무용에 대한 환상을 불러일으키는 계기를 마련하였다고 평가할 수 있을 것이다. 그러나 초기 모던 댄스의 동양 문화에 대한 해석은 춤의 외형적인 면에 치중되었다. 즉, 움직임이나 의상, 소도구 등 가시적인 것을 활용하여 무용 작품을 표현하였다.

그래서일까, 실제로 동양 정신을 이해하거나 직접 체험해 보지 않은 삶의 모습을 비판적인 관점에서 재구성하여 창작하였다는 기록은 찾을 수 없었다. 즉, 단순히 신비롭다고 여겨진 동양춤의 매력과 곡선의 아름다움, 의상과 소도구의 환상적인 아름다움이 표현의 중심이 된 것이다.

그럼에도 불구하고 초기 모던 댄스의 중심에 서 있던 데니스와 숀의 동양 문화에 대한 해석은 다문화적 관점에서 보면 매우 중요한 의미가 있다. 왜냐하면 그들의 활동을 통해 무용예술에서 최초로 타 문화에 대한 접근이 이루어졌기 때문이다. 물론 당시 미국의 사회적 분위기가 동양에 관심이 높아졌던 상황이기도 했지만, 데니스와 숀의 공연을 통해 일반 관객들은 동양 문화의 환상적이고 신비스러운 아름다움을 체험할 수 있는 기회를 가질 수 있었다. 따라서 그들의 활동은 타 문화에 대한 이해를 유도할 수 있는 창작 활동의 대표적인 사례로 제시될 수 있다. 또한 외형적인 측면 수용이라는 한계를 벗어나지는 못했지만, 그들의 활동은 타 문화에 대한 적극적인 수용의 가능성을 마련하였다는 점에서 그 의의가 크다.

이와 같은 현상이 나타날 수 있었던 밑바탕에는 모던 댄스의 정신이 자리한다. 즉, 무용사에서 당시의 현대무용은 발레의 유미주의 이상을 표현하는 한계에서 벗어나 사건이나 자연, 사물에 대한 인간의 정서를 움직임으로 표현하는 예술로서 자리 잡아가고 있었기 때문에 동양의 문화를 해석하여 자신의 춤으로 구체화할 수 있는 예술적 환경이 조성될 수 있었던 것이다.

20세기 초 형성된 모던 댄스 창작 환경의 변화는 무용예술이 대중성과 공공성을 확보할 수 있는 계기를 마련하였다. 따라서 현대무용은 발생 단계에서부터 사회나 문화에 대한 해석을 통해 창작할 수 있는 예술의 결과물이었다. 표현주의 현대무용이 발생하게 된 것도 바로 세계대전 이후 인간에 대한 반성과 사회 비판적인 시각에 의해서였다. 이에 동 · 서양의 문화 교류를 통해 완성된 데니스와 숀의 무용 활동은 문화통합을 위한 초기 단계로 타 문화에 대한 일방향적 접근의 시작이었다고 평가할 수 있다. 타 문화에 대한 일방향적 접근은 다문화 시대가 지향하고 있는 사회통합과 문화통합을 이루기 위한 초기 단계의 경향성 중 하나이다.

하지만 이와 같은 단계에서는 자칫 잘못하면 타 문화를 바라보는 데 주관적인 관점에 치우칠 수 있다는 단점이 있다. 이에 다문화 시대의 현대무용 창작이 나아갈 방향성 중 두 번째인 타 문화에 대한 융합적 접근 방식을 살펴봄으로써 무용예술 작품이 다문화사회가 지향하는 사회통합과 문화통합의 기능을 수행할 수 있는지 논의해 본다.

(2) 타 문화에 대한 융합적 접근

현대무용에서 타 문화의 이해를 통한 다문화적 성격을 가지는 창작 활동은 20세기 말에 독일을 중심으로 등장한 신표현주의 경향의 작품이라고 할 수 있다. 신표현주의 무용은 탄츠테아터라는 새로운 안무 형식을 만들었으며, 피나 바우쉬(Pina Bausch, 1940~2009)라는 독일 무용가에 의해 주도되었다. 피나 바우쉬의 문화적 해석력에 대해서는 다양한 관점의 연구가 진행되고 있으며 그중에서도 피나 바우쉬의 다문화적인 경향성에 대한 지적이 많았다. 그녀의 다문화적 창작 작업은 '국가 · 도시 시리즈'에서 가장 두드러진다. 피나 바우쉬의 국가 · 도시 시리즈는 총 14편으로 유럽에서부터 아시아에 이르기까지 매우 다양한 문화를 컨템포러리 댄

스로 구체화했다.

피나 바우쉬는 표현하고자 하는 국가(또는 도시)에 그녀의 무용단(부퍼탈 탄츠테아터)과 함께 일정 기간 동안 머물면서 그 나라의 문화를 직접 체험해 보고 체험 내용을 단원들과 공유하고 대화를 나누면서 거기에서 얻은 소스를 작품 창작에 활용했다. 예를 들어 한국의 이미지를 다룬 〈러프 컷〉(2005) 창작을 앞두고서 피나 바우쉬는 2004년 10월 무용단과 함께 한국을 방문하여 서울의 강남, 인사동을 비롯해 곡성, 통영 등 지역을 돌아보고 사물놀이나 굿을 하는 현장을 살펴보기도 했으며 이는 다수의 매체를 통해 보도되었다.

이처럼 피나 바우쉬가 다른 문화를 차용하여 작품을 만드는 방식은 초기 모던댄스 안무가들이 동양 문화를 해석하는 방식과 매우 상이한 방식으로 전개되었다. 즉, 현실에서 경험할 수 있는 일상적인 삶의 문화를 직접 작품 안에 삽입함으로써 다양한 에피소드가 동시다발적으로 무대에 형상화되는 특징을 띤다. 국가 · 도시 시리즈 작품 중 대표작이라고 할 수 있는 〈네페스〉(2003)의 경우는 터키의 목욕 문화와 가부장제 사회의 특성, 혼잡한 교통 상황 등을 여과 없이 작품에 삽입시켜 터키를 상징하는 문화에 대한 피나 바우쉬의 해석을 형상화하고 있다.

또한 〈네페스(Nefes)〉(2003)보다 앞서 발표한 〈마주르카 포고(Masurca Fogo)〉(1998)의 경우는 과거 유럽에서 강대국에 속해 있던 포르투갈의 리스본이라는 도시를 주제로 하면서 항구도시의 낭만과 함께, 포르투갈의 식민지였던 브라질의 열정적인 분위기를 무대에 형상화하기도 하였다. 한국의 서울을 주제로 한 〈러프 컷(Rough Cut)〉(2005, LG아트센터 공연)의 경우는 한국의 독특한 문화인 김장, 서울의 혼잡한 교통 상황, 한국인의 '빨리빨리' 습관, 국악 연주에 전통춤을 현대무용화하는 장면들을 배치함으로써 한국적인 문화를 무대에 형상화하였다.

다양한 문화를 배경으로 하는 피나 바우쉬의 '국가 · 도시 시리즈' 작품들은 다양

▲ 피나바우쉬 부퍼탈탄츠테아터-러프컷 (2005)©LG아트센터 제공

한 문화들에 대한 안무가 및 무용수들의 해석의 결과물로서 각각의 문화적 특성과 삶의 환경을 무대에 나열식으로 구현하고 있는 것으로 나타났다. 각 문화를 표현하기 위해 바우쉬가 주로 사용한 기법은 일상적인 움직임, 각 도시를 상징하는 구체적인 사건들의 배치, 전통음악과 전통놀이의 활용과 같이 다문화적인 경향성을 띠고 있으며 무대에서 표현의 한계를 극복하기 위해 영상을 사용하기도 했다.

따라서 피나 바우쉬의 창작 작업에서 수행하고 있는 다문화적인 성격은 초기 모

던 댄스와는 차이점을 나타낸다. 즉, 초기 모던 댄스가 동양 문화를 외형적으로 창작에 차용하는 단계에서 진보하여 탄츠테아터에서는 각각의 문화 자체를 무대 위에서 형상화했으며, 더 나아가 안무가와 무용수가 실제로 체험한 문화를 움직임으로 구체화하고 있다. 다시 말해, 타 문화를 배경으로 안무가와 무용수가 실제로 체험한 문화적 양상을 움직임으로 구체화하는 방식으로 창작하는 것이다. 타 문화를 배경으로 하는 작품을 창작할 때 안무가가 자신의 문화적 해석력으로 새로운 문화에 접근하는 방식을 사용한다는 것은 보다 구체적인 문화적 통합으로서의 창작 사례라 지적할 수 있다. 피나 바우쉬의 '국가 · 도시 시리즈'에서는 하나의 작품 안에 하나의 문화적 정체성만 두드러지지 않는다. 자국의 문화적 정체성과 함께 자신들의 문화를 바라보는 타인의 문화적 배경이 동시에 작용하기 때문이다.

초기 모던 댄스는 상호 문화적 경향성에 보다 더 가깝다고 할 수 있고, 탄츠테아터는 문화통합적인 성격이 더 강하다고 볼 수 있다. 초기 모던 댄스의 경우는 서양인의 시각에서 동양 문화를 어떻게 해석하여 작품화하는가에 초점이 맞추어져 있다. 따라서 동양 문화로부터 영향을 받은 서양인 안무가가 동양적인 움직임 · 음악 · 소도구 등을 차용하여 하나의 문화, 즉 동양 문화를 시각적으로 구체화하여 작품을 완성한 것이라고 볼 수 있다. 반면 탄츠테아터의 경우는 하나의 작품 안에 두 가지 문화가 공존하며, 타 문화에 대한 해석과 그 결과를 무대에 형상화함으로써 문화적 통합을 이루고 있다는 것이 특징이다.

다양한 문화가 공존하는 현시대에 현대무용은 다양한 문화적 배경을 가지고 있는 관객들이 수용할 수 있는 작품을 창작해야 한다는 예술 환경에 처해 있다. 이 지점에서 안무가들에게는 다양한 타 문화에 대한 적극적인 수용과 함께 문화 해석력이 중요한 요소로 대두된다. 현대무용 안무가들은 자신의 문화적 정체성에

대한 이해는 물론 자신들의 문화와 통합하고 융합할 수 있는 타 문화의 요소들을 찾아내는 능력과 함께 자신의 문화와 타 문화를 융합하여 새로운 예술작품으로 창작할 수 있는 능력을 갖추도록 노력해야만 한다.

3) 다문화 시대 현대무용 창작의 나아갈 방향

세계화를 지향하는 현대사회에서는 다문화가 공존하는 현상이 나타나고 있다. 이에 본 연구에서는 다문화 시대의 특성을 파악하고 다양한 문화가 공존하는 현 시대의 요구에 부응할 수 있는 현대무용 창작이 나아갈 방향에 대하여 제시하기 위해 다문화의 관점에서 모던 댄스 이후 타 문화 수용을 통한 창작의 방향에 대하여 분석하였다. 그 결과, 타 문화에 대한 이해를 통한 현대무용 창작은 두 가지 특징을 가지고 있음을 알 수 있었다.

먼저, 문화 교류 차원에서 서양 무용가가 동양 문화를 해석하여 자신의 작품으로 형상화하는 특징을 발견하였다. 이와 같은 특징은 초기 모던 댄스에서 나타난 현상으로, 당시의 사회적 분위기가 신비스러운 동양 문화에 매우 큰 관심을 가지고 있는 사회현상과 안무가의 동양 문화에 대한 관심으로 이루어진 결과였다.

두 번째로, 다양한 문화가 하나의 작품으로 통합되는 현상을 찾을 수 있었다. 이와 같은 특징은 신표현주의 탄츠테아터라는 무용 형식에서 발견되었다. 이는 탄츠테아터 형식을 발전시킨 안무가 피나 바우쉬의 작품 중 국가 · 도시 시리즈에 잘 나타난다. 안무가와 무용수들이 작품을 구상하기 위해 실제로 타 문화를 체험하고 그 결과에 대해 서로 의견을 나눔으로써 타 문화에 대한 이해를 토대로 움직임을 구체화하는 것이다. 또한 각 문화와 관련된 구체적인 사건들을 무대에 형상

화하기도 했는데, 이를 통하여 안무가와 무용수들이 체험한 문화에 대해서 어떻게 해석하고 있는지를 발견할 수 있었다.

이에 다양한 문화가 공존하고 있는 다문화 시대에 다양한 문화적 배경을 가지고 있는 관객들에게 예술을 매개로 다문화 통합을 위한 현대무용 창작의 방향성을 세 가지로 제시할 수 있다.

▲ 전혁진-소멸(2018) ©오중석

(1) 타 문화에 대한 적극적인 이해

먼저, 다문화 시대의 현대무용 창작 작업에 타 문화에 대한 적극적인 이해가 필요하다. 즉, 다양한 민족이 공유하는 공연 환경에 적응하기 위해서는 다양한 민족이 공유할 수 있는 키워드를 찾아서 활용해야 대중들이 감상할 수 있는 작품을 창작할 수 있기 때문이다.

이 과정에서 안무가의 작업에서 중요한 것은 인간이라면 누구나 가질 수 있는 공통된 무용언어를 개발하는 것이다. 공통된 무용언어를 개발하기 위해 필수적인 과정이 바로 문화 체험 영역이라 할 수 있다. 문화 체험 영역은 두 가지로 나눌 수 있다. 직접 체험과 간접 체험이다. 직접 체험은 타 문화를 이해하기 위해 직접 그 문화권을 방문하여 그들의 삶을 체험하는 것이다. 그러나 이 경우 시간이 오래 걸리고, 경제적인 부담이 있다는 것이 단점이다.

따라서 간접 체험을 통해 타 문화를 이해할 수 있는 방법이 필요하다. 간접 체험은 타 문화에 대한 문학작품을 접하거나 문화에 대한 다양한 정보를 습득함으로써 전 세계인이 공유할 수 있는 공통된 키워드를 찾는 방법이라 할 수 있다. 이에 다문화 시대에 안무가들에게는 무용 움직임 테크닉에 대한 연구와 함께, 다양한 문화를 수용할 수 있는 적극적인 자세가 요구된다.

(2) 공공성에 대한 인식

다른 하나는, 현대무용 창작에서 공공성에 대한 인식이 필요하다. 다문화 시대에 예술작품이 다양한 민족을 사회적으로 통합할 수 있는 방향을 제시할 수 있기 때문이다. 다문화사회의 문제 중 가장 중요한 것은 바로 문화적인 갈등을 해소하는 것이다. 한국 사회도 2000년대 이후 다양한 문화권의 이주민들로 인한 사회 갈등을 경험하고 있다. 타 문화에 대한 이해가 부족하기 때문이기도 하지만, 다민

▲ 김성훈-Green Eye(2017) ⓒ손관중

족이 살아가는 현대사회의 공공성에 대한 이해 부족도 그 원인 중 하나다.

이와 같은 문제들을 해결하기 위해 예술을 통한 다문화 교육이 활발하게 수행되고 있다. 이러한 시점에서 현대무용도 현대사회의 공공성을 인식하여 사회적 계층이나 민족을 뛰어넘는 공공성을 가질 수 있는 작품을 창작해야 한다. 단순한 교육 차원을 넘어 공연 감상을 통해 다양한 문화가 공존해야 하는 당위성을 발견할 수 있도록 유도해야 한다. 공연 현장도 공공성을 확보할 수 있는 예술 활동을 해야 다문화 통합에 기여하는 바가 높을 수 있기 때문이다.

(3) 안무교육 및 창작 활동의 기회

마지막으로, 다문화 시대에 현대무용을 창작하는 안무가들에게 문화적 해석력과 사회 변화에 대한 적응력을 향상시킬 수 있는 안무교육을 해야 하며, 보다 창의력 있는 창작 활동을 할 수 있는 기회를 제공해야 한다. 사실상 위의 두 가지 방향이 이루어지기 위해서 필수적인 것이 현대사회를 정확하게 인식할 수 있게 유도하는 안무교육이라고 할 수 있다. 현재 안무가를 육성하는 고등교육기관의 무용교육을 떠올려 볼 때, 사회에 대한 비판적 시각으로 접근할 수 있는 교과과정이 미흡한 것이 사실이다.

따라서 다문화 시대에 요구되는 안무가를 육성하기 위해서는 문화를 이해하고 해석하는 능력 그리고 사회 변화를 이해하고 그것을 비판적인 시각에서 바라보는 능력을 길러 주는 교육과정의 운영이 필요하다. 이 과정을 통해 안무가는 작품을 창작할 때 다양한 문화를 통합 또는 융합할 수 있는 능력을 키워 나갈 수 있을 것이다.

이상과 같이 세계화 및 다양한 문화가 공존하는 현대사회에서 요구하는 현대무

용 창작의 나아갈 방향을 살펴보았다. 현재 무용계에서 다문화의 문제들을 해결할 수 있는 방안 중 교육적 차원이 가장 활발하게 이루어지고 있으며, 커뮤니티 댄스의 개념을 수용한 전문 무용인과 일반인들의 공동 창작 작품들이 적잖이 공연되고 있다. 반면 전문 무용인들의 공연은 국소적으로 이루어지고 있다.

이에 다양한 문화를 가지고 있는 다양한 계층이나 민족들이 공유할 수 있는 예술의 장을 마련하기 위해서는 현대무용이 보다 더 개방적으로, 더 적극적으로 타문화를 이해하는 태도를 취해야 할 것이다. 그렇게 세계화를 지향하는 창작 활동을 하여 세계적인 무용문화를 형성할 필요성이 있다.

참고문헌

제1장

1 이찬주, 『춤예술과 미학』, 금광, 2007, p.61.

2 이찬주, 「문명과 춤의 패러다임」, 수성아트피아, 2020,

3 이찬주, 「현대무용의 태동」 2024년 봄호 『CJmagazine』. p.2. 이찬주춤자료관

4 위의 도서

5 이찬주, 『춤예술과 미학』, 금광, 2007, p.185.

6 Isa Partsch-Bergsohn, Modern Dance in Germany and the United States: Crosscurrents and Influences, Chur: Harwood Academic Publishers GmbH, 1994, p.5 참조.

7 이찬주, 「현대무용의 태동」 2024년 봄호 『CJmagazine』. p.2. 이찬주춤자료관

8 이찬주, 『춤교육과 포스트모더니즘』 2012년 한양대학교출판부. p.26.

9 ——, 「현대무용의 태동」 2024년 봄호 『CJmagazine』. p.2. 이찬주춤자료관

10 박경숙, 『근대발레사』, 2005, p.86.

11 성대영, 「독일 표현주의와 현대무용의 발생과정」영남대학교스포츠과학대학원 2006. 8.

12 이찬주, 「현대무용의 태동」 2024년 봄호 『CJmagazine』. p.2. 이찬주춤자료관

제2장

13 이찬주, 「신문으로 살펴본 신무용과 인물—이시이 바쿠, 최승희, 조택원」 2024년 봄호 『CJmagazine』. p.4. 이찬주춤자료관

14 ——, 『충북의 역사문화인물』 충북학연구소, 2015, p.226. (타예술과 공저-무용부문집필: 이찬주 pp.223~256)

15 호팍춤(Hopak Dance)은 원래 자포로지아 코사크족의 남성 춤에서 유래하였다. 코사크(Гопак), 코팍, 호파크 등 다양한 명칭으로 불리는 이 춤은 우크라이나 및 러시아 남부 지역의 전통춤이다.

16 이찬주, 『충북의 역사문화인물』 충북학연구소, 2015, p.227.

17 이찬주, (2016 · 개정판 『한국민족문화대백과』 「무용사전」 박시몬 편.

18 《동아일보》, 1922. 4. 23.

19 이찬주, (2016 · 개정판) 『한국민족문화대백과』 「무용사전」 이병삼(李丙三) 편.

20 ——, (2016 · 개정판) 『한국민족문화대백과』 「무용사전」 박시몬, 이병삼, 김동한 편.

21 이찬주, (2016 · 개정판) 『한국민족문화대백과』 「무용사전」 김동한(金東漢)편, 당시 춤의 개념에서 무도(舞蹈)는 1922년 『개벽』 6월호에 발표한 김동환의 글 「무도란 여하(如何)한 것인가」 등을 살펴볼 때 시대 상황에서 폭넓게 춤과 동일 개념이다. 무도는 지금의 댄스스포츠의 종목에서 본다면 스칸디나비아나 코사크(코팍)춤은 제외된 사교춤으로 댄스스포츠에 일부 해당된다.

22 ——, (2016 · 개정판), 『한국민족문화대백과』 「무용사전」 김동한(金東漢) 편, 《동아일보》, 1923년 6월 1일 3면(조선예술학원 1923년 개관, 1922년 오류).

23 이찬주 · 황희정, 『송범의 춤예술, 그 새로운 발견』, 역락, 2016, p.35.

24 "최승희는 3월 공연을 보고 다행히 부모의 승낙과 이시이바쿠와 동생 (石井小浪)의 남매의 눈에 들어 25일 아침 경성을 떠나게 된 것이다" 「매일신보」 3월 26일.

25 이찬주, 「신문으로 살펴본 신무용과 인물—이시이 바쿠, 최승희, 조택원」 2024년 봄호 『CJmagazine』. p.4. 이찬주춤자료관

26 이찬주, 「근대신문속 무용광고」, 『몸』 2016년 5월호.

27 이찬주 · 황희정, 『송범의 춤예술, 그 새로운 발견』, p. 35

28 이찬주, 「신문으로 살펴본 신무용과 인물—이시이 바쿠, 최승희, 조택원」2024년 봄호 『CJmagazine』. p.4. 이찬주춤자료관

29 위의 도서

30 《경향신문》 1947년 6월 21일자 "조택원도미고별무용공연", 《조선일보》 1947년 10월 18일 "조택원도미", 《동아일보》 1947년 6월 19일(광고), 《동아일보》 1947년 6월 26, 27일 "국제극장 도미공연 소식 전함". 신문의 기록은 보도 형식으로 이후 기록에서 공연되는 날짜가 바뀔 수도 있다.

31 이찬주(2016 · 개정판), 『한국민족문화대백과』「무용사전」 박금슬 편.

32 이찬주, 『충북의 역사문화인물』 충북학연구소, 2015, p.226 (타예술과 공저-무용 부문 집필: 이찬주 　이찬주 p223~256 저자 이름이 새겨져 있음.

33 ———, 「신문으로 살펴본 신무용과 인물—이시이 바쿠, 최승희, 조택원」 2024년 봄호 『CJmagazine』. p.4. 이찬주춤자료관

34 이병옥, 「대구지역의 춤– 근대전반기 대구지역 춤의 인맥전승」 2016년 8월호 vol84 춤:in춤In 서울문화재단 2018년 6월 12일.

35 이찬주(2016 · 개정판 『한국민족문화대백과』「무용사전」 조용자 편.

36 ———, (2016 · 개정판 『한국민족문화대백과』「무용사전」 조용자 편.

37 ———, (2016 · 개정판 『한국민족문화대백과』「무용사전」 조용자 편.

38 ———, 「근대신문 속 무용광고」, 『몸』 2016년 5월호.

39 ———, 「신문으로 살펴본 신무용과 인물—이시이 바쿠, 최승희, 조택원」 2024년 봄호 CJmagazine. p.4. 이찬주춤자료관

40 손관중(손각중), 「Modern Dance의 한국적 수용의 시대별 특징에 관한 연구」, 『무용예술학연구』 제31집, 2010. vol.31 p.39.

제3장

41 이 글은 손관중의 논문 pp.39~62를 일부 수정하여 재수록하였음. 손각중(손관중), 「Modern Dance의 한국적 수용의 시대별 특징에 관한 연구」, 『무용예술학연구』 제31집, 2010. vol.31 p.43.

42 양정수, 「한국현대무용의 예술적성향과 발전양상에 관한 연구」, 한양대학교, 1998.

43 손각중(손관중), 「Modern Dance의 한국적 수용의 시대별 특징에 관한 연구」, 『무용예술학연구』 제31집, 2010. vol.31 p.43.

44 위의 논문

45 위의 논문

46 위의 논문

47 김복희, 「현대무용의 한국적 전개과정에 나타난 유형별 특성분석」, 경기대학교 대학원 박사학위논문, 미간행, 1994, pp.55~86 참조.

48 오문자, 「한국적 현대무용의 특성 분석」, 『대한무용학회 논문집』 제18집, 1995, pp.150~154 참조.

49 손각중(손관중), 「Modern Dance의 한국적 수용의 시대별 특징에 관한 연구」, 『무용예술학연구』 제31집, 2010. vol.31 p.43.

50 위의 논문

51 위의 논문

52 김현남, 「한국 현대무용의 시대적 흐름에 관한 연구, 『한국체육학회지』, 제37권 제 2호 1998, pp.427~433 참고.

53 손각중(손관중), 「Modern Dance의 한국적 수용의 시대별 특징에 관한 연구」, 『무용예술학연구』 제31집, 2010. vol.31 p.43.

54 위의 논문

55 위의 논문

56 위의 논문

57 위의 논문

58 위의 논문

59 김남희, 「한국성을 주제로 한 현대건축물의 공간구성기법 분석방안에 관한 연구」, 한양대학교대학원 석사학위논문, 1998.

60 이종상, 「한국성의 개념과 방법론」, 『공간』 7월호, 1998, p.44.

61 손각중(손관중), 「Modern Dance의 한국적 수용의 시대별 특징에 관한 연구」, 『무용예술학연구』 제31집, 2010. vol.31 p.43.

62 이주희, 「물성에 의한 현대 실내건축의 한국성 표현 특성에 관한 연구」, 경원대학교대학원 석사학위논문, 미간행, 2004, p.42(재인용) 김성우, 「90년대의 전통논의를 생각하며」, 『공간』, 1989, p.53.

63 손각중(손관중), 「Modern Dance의 한국적 수용의 시대별 특징에 관한 연구」, 『무용예술학연구』 제31집, 2010. vol.31 p.43.

64 ——, 「Modern Dance의 한국적 수용의 시대별 특징에 관한 연구」, 『무용예술학연구』 제31집, 2010. vol.31 p.43(재인용) 정승희「근대기에 나타난 천재 무용가 최승희」

65 위의 논문

66 정수웅, 『격동의 시대를 살다간 어느 무용가의 생애와 예술 최승희』눈빛, 2004, p.19

67 손각중(손관중), 「Modern Dance의 한국적 수용의 시대별 특징에 관한 연구」,

『무용예술학연구』 제31집, 2010. vol.31 p.43.

68 위의 논문

69 위의 논문

70 심혜경, 「최승희 무용을 통한 한국적 무용의 수요가치」, 『대한무용학회 논문집』 제27집, 2000, p.219.

71 손각중(손관중), 「Modern Dance의 한국적 수용의 시대별 특징에 관한 연구」, 『무용예술학연구』 제31집, 2010. vol.31 p.43.

72 김현남, 「한국 현대무용의 시대적 흐름에 관한 연구」, 『한국체육학회지』, 제37권 제2호 1998, p.428.

73 동아일보 1976.3.20.

74 손각중(손관중), 「Modern Dance의 한국적 수용의 시대별 특징에 관한 연구」, 『무용예술학연구』 제31집, 2010. vol.31 p.43.

75 김복희, 「현대무용의 한국적 전개과정에 나타난 유형별 특성분석」, 경기대학교 대학원박사학위논문, 미간행, 1994, p.65.

76 손각중(손관중), 「Modern Dance의 한국적 수용의 시대별 특징에 관한 연구」, 『무용예술학연구』 제31집, 2010. vol.31 p.43.

77 위의 논문

78 김신일, 「미국의 현대무용이 한국 현대무용에 미친 영향-1950년대 미국의 현대무용이 미친 영향을 중심으로」, 『무용예술학연구』 제4집(가을호), 1999, p.30.

79 양정수, 『한국현대무용사』(서울 : 금광미디어), 1999, p.137.

80 김현남, 「한국 현대무용단체(협회)의 역할 및 방향에 관한 연구」, 『한국체육학회지』, 제37권 제 2호 1998, p.429. 김현남, 「한국 현대무용의 시대적 흐름에 관한 연구」, 『한국체육학회지』, 제37권 제2호 1998, p.429.

81 손각중(손관중), 「Modern Dance의 한국적 수용의 시대별 특징에 관한 연구」, 『무용예술학연구』 제31집, 2010. vol.31 p.43.

82 김복희, 현대무용의 한국적 전개과정에 나타난 유형별 특성분석」, 경기대학교 대학원박사학위논문, 미간행, 1994, p.67.

83 위의 논문

84 김진희, 「80년대 이후 한국 현대무용의 작품성격분석」, 동덕여자대학교대학원, 1996, p.45

85 이상일 〈한국현대무용 서설(序說)〉 『몸』, 2024, p.30.

86 김복희, 「현대무용의 한국적 전개과정에 나타난 유형별 특성분석」, 경기대학교 대학원박사학위논문, 미간행, 1994, p.71.

87 위의 도서 p,72.

88 양정수, 「1980년대 한국 현대무용사 연구」, 『움직임의 철학 : 한국체육철학회』 Vol. 5 No. 2, 1997, p.18.

89 김태원, 『예술춤 시대의 탐색』, 현대미학사, 1995, p.457.

90 ———, 『춤 후기 현대춤의 미학과 동향』, 현대미학사, 1992, p.165.

91 이 글은 손관중, 「현대무용에 나타난 한국적 표현주의 성향 연구」, 한국 스포츠 리서치, 제17권 5호 통권 98, 2006, pp.1191~1202를 정리하여 재수록하였음.

92 이덕희, 「발레에의 초대」, 금광출판사, 1987.

93 다께우찌 도시오, 「미학 예술학 사전」, 미진사, 1989.

94 산드라 프랄리 『춤과 살아있는 몸』, 1987, pp.114~140. University of Pittsburgh Press.

95 Paul Love, 「Modern Dance」, Kamin Dance Publishers, 1953, p.33.

96 임혜자, 「독일표현주의가 한국 현대무용에 미친 영향」, 한국무용교육학회지, 제13집 제1호(통권 17호), 2002.

97 이찬주, 「한국 현대무용의 계보」 2024년 겨울호 『CJ magazine』의 글을 수정 보완하였음.

98 ———, 「한국 현대무용의 계보 」2024년 겨울호 『CJ magazine』. p.2. 이찬주춤 자료관

제4장

99 위키백과

100 《대구일보》

101 《영남일보》 2019. 3. 18.

102 이찬주, 「한국 현대무용의 계보」 2024년 겨울호 『CJ magazine』.p.2. 이찬주춤 자료관

103 위키백과

104 이찬주, 「한국 현대무용의 계보」 2024년 겨울호 『CJ magazine』.p.2. 이찬주춤 자료관

105 이찬주, 「한국 현대무용의 계보」 2024년 겨울호 『CJ magazine』.p.2. 이찬주춤 자료관

106 양정수, 『한국현대무용사』, 금광미디어, 1999, p.137.

107 이찬주, 「한국 현대무용의 계보」 2024년 겨울호 『CJ magazine』.p.2. 이찬주춤 자료관

108 위의 도서

109 위의 도서

110 위의 도서

111 위의 도서

112 위의 도서

113 위의 도서

114 위의 도서

115 주소영, 「2000년대 이후 대한민국 예술고 제도의 경로의존성 분석 한국예술교육학회」, 2017, vol.15, no.2, 통권 37호 pp.163~183.

116 『서울예고 50년사』, 2003.

117 이찬주, 「창의성존중으로 변화하는 예술고」 2024년 겨울호 『CJmagazine』. p.4. 이찬주춤자료관

118 위의 도서

119 위의 도서

120 이찬주, 『세계를 누비는 춤예술가들』 글누림, 2017, p.435.

121 ———, 「창의성존중으로 변화하는 예술고」 2024년 겨울호 『CJmagazine』. p.4. 이찬주춤자료관

122 위의 도서 p.3. 이찬주춤자료관

제5장

123 김신일 · 이찬주, 『춤창작을 위한 지침서』, 2014, pp.242~253의 글을 정리하여 재수록하였음.

124 바우하우스의 무대실험-인간 공간 기계(2014). 국립현대미술관 서울관 팸플릿.

125 박경숙, 『오스카 슐렘머의 메카니컬 발레』, 금광출판, 2003, p.48.

126 박경숙, 『오스카 슐렘머의 메카니컬 발레』, 금광출판, 2003, p.49.

127 Manfrd Braeck, 『20세기 연극』 김미혜 · 이경미 역, 연극과 인간, 2000, p.49.

128 http://de.wikipedia.org/wiki/Andor_Weininger.

129 Michael Siebenbrodt, "Jazzkapelle und Gesamtkunstwerk-Musik am Bauhaus in Weimar", Jahrbuch der Klassik Stiftung Weimar, Göttingen: Wallstein Verlag(2011), S 121-136.

130 이찬주, 「사이트-스페시픽댄스」 2009년 가을호 통권 1호, CJmagazine. p.2. 이찬주춤자료관

131 위의 도서

132 http://de.wikipedia.org/wiki/Andor_Weininger.

133 이찬주, 「사이트-스페시픽댄스」 2009년 가을호 통권 1호, CJmagazine. p.2. 이찬주춤자료관

134 이 글은 한정미, 손관중, 「동시대 예술에서의 장소 특정적 무용공연에 관한 작품 특성 연구-스테판 코플로위츠(Stephan Koplowitz)의 작품을 중심으로」 (『대한무용학회 논문집』 제177권 3호 pp.168~183)의 글을 정리하여 재수록 하였음.

135 Edward Relph 2005, p.39.

136 이진아, 「장소특정적 연극에서 '장소'와 '장소성'의 문제」, 한국연극학 제54호, p.79에서 재인용.

137 이찬주, 「잉글랜드-런던의 전시관속 춤을 찾아서(2)」『몸』 2017.6월호

138 전유경, 「동시대 공연에 나타나는 '관객 참여' 방식 연구」, 공연문화연구 32집, 2016, p.661.

139 이화원, 「일상 공공공간에서의 예술 행위에 대한 분석적 고찰」, 한국연극학 제

68호, 2018, p.298.

140 Victoria Hunter, Moving Sites, Investigating Site-Specific Dance Performance, Routledge, 2015, pp.4~5.

141 Melanie Kloetzel and Carolyn Pavlik, Site Dance: Choreographers and the Lure of Alternative Spaces, 2009, pp.75~76.

142 Melanie Kloetzel et al. 2009, p.75.

143 위의 도서 pp.73~74.

144 위의 도서 p.74.

145 Jenny Moussa Spring et al. 2014, p.10.

146 김신일 · 이찬주, 『춤창작을 위한 지침서』, 2014, pp.254~264의 글을 정리하여 재수록하였음.

147 『미술대사전』, 한국사전연구사, 1998.

148 경향신문, 2012.

149 경향신문, 2012.

150 한국경제, 2014.

151 이찬주, 『춤교육과 포스트모더니즘』, 한양대출판부, 2012, p.320.

152 경향신문, 2012.

153 김신일 · 이찬주, 『춤창작을 위한 지침서』, 공주대출판부, 2014, p.264.

154 이 글은 한정미, 손관중, 「하이 컨셉(High Concept)시대 무용공연의 콜라보레이션 동향 및 특성연구」, 대한무용학회 논문집 제74권 5호, 2016. 10., pp.142~157의 글을 정리 재수록하였음.

155 이민채, 윤미라, 「하이 컨셉 시대적 경향 분석을 통한 한국성 수용의 성과와 새로운 패러다임」, 대한무용학회, 제70권 4호, 2012, p.85.

156 한승연, 차수정, 「국립무용단의 콜라보레이션 공연 사례분석 연구」, 『한국무용연구』, 33권 1호, 2015, p.130.

157 박은경, 2011, p.29.

158 한정미, 손관중, 「하이 컨셉(High Concept)시대 무용공연의 콜라보레이션 동향 및 특성연구」, 대한무용학회 논문집 제74권 5호, 2016. 10., pp.142~157.

159 dongA.com 뉴스, 2015년 11월 22일.

160 이찬주, 『우리춤의 현장과 주변』, 현대미학사 2016. p347

161 장인주, 『국립극장 매거진 미르』, 2016년 8월호.

162 매일경제신문, 2016년 6월 25일.

163 경향신문, 2012.

제6장

164 이 글은 김미영, 손관중, 「과정중심무용의 치유적 기능(안나할프린 The Planetary Dance의 스코어를 중심으로)」, 대한무용학회 논문집 제78권 3호, pp.42~57의 글을 정리, 재수록하였음.

165 타말파 인스티튜트. https://www.tamalpa.org

166 R. Kaplan(2000). "Dance as a Healing Art, Mendocino". Calif:Life Rhythm. Wesleyan University Press. p.28.

167 R. Kaplan(2000). "Dance as a Healing Art, Mendocino".Calif:Life Rhythm. Wesleyan University Press, p.30.

168 Helen Poynor(2001). Kentfield. California.25−7 June.

169 Susan L., Sandal 외, 『춤동작치료와 정신 건강』, 박선영 외 옮김, DMT미디어, 2018, pp.94~95.

170 Halprin, A(2000), 『치유 예술로서의 춤』, 임용자, 김용량 옮김, 물병자리, 2002, p.38.

171 Boydston. J. A.(1987). The Later Woks of John Dewey. Vol 10. Southern Illinois University. Press. p.87.

172 김미영, 손관중, 「과정중심무용의 치유적 기능(안나할프린 The Planetary Dance의 스코어를 중심으로)」, 대한무용학회 논문집 제78권 3호, p.52

173 김미영, 손관중, 「과정중심무용의 치유적 기능(안나할프린 The Planetary Dance의 스코어를 중심으로)」, 대한무용학회 논문집 제78권 3호, p.53

174 ——, ——, 「과정중심무용의 치유적 기능(안나할프린 The Planetary Dance의 스코어를 중심으로)」, 대한무용학회 논문집 제78권 3호, p.54

175 Libby Worth and Helen Poynor(2018), Anna Halprin. Routledge, p.33.

176 이 글은 이찬주, 『커뮤니티 댄스의 가치와 창작활동의 역할』, 『우리춤과 과학기술』제23집, 2013, pp.95~122의 글을 정리하여 재수록하였음.

177 이찬주, 『춤예술과 미학』, 금광, 2007, p.24.

178 ——, 『커뮤니티 댄스의 가치와 창작활동의 역할』2013, p.112.

179 정희연, 「탈현대사회 대안 커뮤니티 운동의 이론과 실천」, 경희대학교 석사학위논문, 2008, p.43.

180 이찬주, 『춤교육과 포스트모더니즘』, 한양대출판부, 2012, p.30.

181 위의 도서 p.39.

182 정희연, 「탈현대사회 대안 커뮤니티 운동의 이론과 실천」, 경희대학교 석사학위 논문, 2008, p.27.

183 이브 미쇼, 『예술의 위기』, 하태환 역, 동문선, 1997, p.25.

184 김온경, 『한국 민속무용 연구』, 형설출판사, 1984, p.24.

185 정병호, 『한국의 민속춤』, 삼성출판사, 1991, p.27.

186 채희완. 『공동체의 춤 시니명의 춤』, 한길사, 1985, p.15.

187 김태원, 「춤의 대중화 확산」, 『문화와 춤의 전망』, 현대미학사, 1991, p.69.

188 이희선, 「평생교육으로서의 무용의 활성화 방안」, 무용교육학회, 1995, p.2.

189 이찬주, 『춤—all that dance』, 이브출판, 2000, p.170.

190 위의 도서 p.173.

191 김채현, 「한국에서 커뮤니티 댄스의 의미」, 제4회 공연저널리즘 서울포럼, 2011, p.40.

192 정영두, 「먼저 생각하는 자—프로메테우스의 불」 공연 프로그램, 2012.

193 임은진, 「커뮤니티 댄스를 아시나요?」, 연합뉴스 http://www.youhapnews.co.kr, 2012.

194 이찬주, 「커뮤니티 댄스의 가치와 창작활동의 역할」, 『우리춤과 과학기술』 제23집, 2013, p.95.

195 송미숙, 「문화예술로서의 무용교육 그 역할과 과제」 ,『우리춤연구』 제18집, 2012, p.33.

196 이찬주, 「커뮤니티 댄스의 가치와 창작활동의 역할」, 『우리춤과 과학기술』 제23집, 2013, p.95.

197 Sherry B. Shpiro, Dance, Power, and difference, Human Kinetics, 1998, p.44.

198 이영숙, 『창작무용 학습지도』, 금광출판, 1987, p.11.

199 이찬주, 「커뮤니티 댄스의 가치와 창작활동의 역할」, 『우리춤과 과학기술』 제23집, 2013, p.95.

200 Pina Bausch(1987), Interview mit Jochen Schmidt am 26 November in: Norbert Servos(1996) Pina Bausch-Wuppertaler Tanztheater oder die Kunst einen

Goldfisch zu dressieren Kallmeyer, S 299.

201 이찬주, 「커뮤니티 댄스의 가치와 창작활동의 역할」, 『우리춤과 과학기술』 제23집, 2013, p.95.

202 정청자, 『춤이야기』, 강원대학교출판부, 1995, p.6.

203 이희선, 「평생교육으로서의 무용의 활성화 방안」, 『무용교육학회』 제6집, 1996, p.2.

204 신승환, 『문화예술교육의 철학적 지평』, 한길아트, 2008, pp.52~53

205 연합뉴스, 2012. 03. 12.

206 이찬주, 「커뮤니티 댄스의 가치와 창작활동의 역할」, 『우리춤과 과학기술』 제23집, 2013, p.95.

207 Green, M(1973). Teacher as Stranger, Belmont, CA: Wadsworth p.78.

208 SherryB,Shapiro.(1998)『Dance, Power, and difference』,Human Kinetics, p.44.

제7장

209 이 글은 손관중, 「문화융성시대 한국 컨템포러리댄스의 안무 방향과 교육에 관한 연구」, 대한무용학회 제74권 4호, 2016, pp.88~104.의 글을 정리하여 재수록하였음.

210 정경숙, 「문화예술정책의 균형적 접근을 통한 문화융성」, 한국행정학회 춘계학술대회 자료집. 한국행정학회, 2013, pp.1~14.

211 위의 논문

212 위의 논문

213 정은주, 「컨템포러리 댄스에 나타난 포스트모던댄스의 미적 특성과 기능」, 단국대학교 대학원, 미간행 박사학위논문, 2012.

214 박신의, 「한국예술의 국제경쟁력 강화를 통한 문화외교 전략」. 한국문화예술경영학회 학술대회 자료집. 한국문화예술경영학회, 2008, pp.161~172.

215 이 글은 이찬주, 『춤, 사람 그 생동하는 기록』, 위시앤, 2022, pp.26~30의 글을 정리하여 재수록하였음.

216 조선일보, 황지원 [일사일언] 오페라 감독이 해고된 이유.

217 김신일 · 이찬주, 『춤창작을 위한 지침서』, 공주대출판부, p.26.

218 제르멘느 프뤼도모, 『무용의 역사』, 양선희 역, 삼신각, p.270.

219 이찬주-오늘의 춤: 이름 붙일 수 없는 것들의 움직임 「공연과 리뷰」 2022년 가을겨울 통권 제111호, pp.9~19.

220 이 글은 손관중, 「다문화시대 현대무용 창작이 나아갈 방향에 관한 연구」, 무용예술학 연구 제52집, 2015, 1호, pp.53~68.의 글을 정리하여 재수록하였음.

221 황정현, 「다문화 사회의 아동문학 수용과 창작 방향」, 『한국아동문학연구』 14, 2008, p.204.

222 권오경, 「다문화 통합을 위한 민요의 역할과 방향」, 『한국민속학회지』 30, 2010, p.43.

223 왕한석, 『또 다른 한국어: 국제결혼 이주여성의 언어 적응에 관한 인류학적 연구』, 교문사, 2007, p.1.

224 유네스코위원회(2010), ■유네스코 세계보고서: 문화다양성과 문화간의 대화, (서울(집문당), p.1.

225 권오경, 「다문화사회 통합을 위한 민요의 역할과 방향」, ■한국민속학회지■ 30, 2010, p.45.

226 위의 논문 p.46.

227 위의 논문 p.48

228 차윤경 외 2인, ■『예술로 배우는 다문화』, (주) 대교, 2011, pp.33~39 참고.

229 정희자, 「다문화체험을 위한 무용 교수 학습프로그램 연구」, 무용예술학연구 ■ 26(봄호), 2009, p.216.

230 https://en.wikipedia.org/wiki/Sidi_Larbi_Cherkaoui

231 정의숙, 반주은, 『현대무용 인물론』, 성균관대학교출판부, 2000, p.93.

232 위의 도서 p.99.

233 수잔 오, 『발레와 현대무용: 서양 춤예술의 역사』■, 김채현 역, 시공사, 2004, 2002, p.113.

공연평 & 인터뷰

- 린 화이민, 〈클라우드 케이트: 행초(The Cursive)〉 – 이찬주, 『춤예술과 미학』, 2007.
- 2014 SPAF 솔로이스트 김판선, 음악 속 자유로운 사고의 춤 – 이찬주, 〈Share, Sound〉
- 2014 김판선 『세계를 누비는 춤예술가들』 – 이찬주, (20140911)
- 2014 권령은 《춤웹진》 10월호 – 이찬주, (20140910)
- 오래된 미래 '국향(國香)' 김복희 〈삶꽃바람꽃Ⅴ〉, 류석훈 〈굿 조용한 비명〉 – 이찬주, 《춤과 사람들》, 2015.
- 지천명(知天命) 무대에 오르다, 류(流)댄스컴퍼니 〈젖은 달〉 – 이찬주, 《공연과 리뷰》 90호, 2015.
- 오브제를 통해 관계 맺기, 권령은 〈Homo Knitiens: 망 뜨는 사람〉 – 이찬주, 《몸》, 2015.
- 한송이 〈Street Fighter–빛나거나 혹은 미치거나〉 – 이찬주, 《중부매일》, 2015.
- 미소 뒤에 웅크린 진짜 얼굴을 본다, 이정연 댄스프로젝트 〈Smile Mask Syndrome〉

– 이찬주, 《공연과 리뷰》, 2015.

- 우리를 향해 날리는 작은 펀치, 곽영은 〈고개 숙인 사람들〉 – 이찬주, 《대전예술》, 2015.
- 국립현대무용단, 말과 몸짓을 만나 보는 '춤이 말하다–김설진' – 이찬주, 2015.
- 2015 이선아 《춤과 사람들》 12월호 – 이찬주, (20150815)
- 비극적인 운명에 저항하는 인간의 모습, 최성옥 메타댄스 프로젝트 〈카르미나 부라나–방랑의 노래〉 – 이찬주, 《공연과 리뷰》, 2015.
- 2015 예효승 『세계를 누비는 춤예술가들』 – 이찬주, (20151218)
- 최상철프로젝트무용단 〈동물농장에서의 봄의 제전〉 – 이찬주, 『우리춤의 현장과 주변』, 2016.
- 오문자 알타비아 현대무용단 〈환(幻)을 거닐다〉 – 이찬주, 『우리춤의 현장과 주변』, 2016.
- 기다림을 구체화한 인간의 모습, 최상철현대무용단 〈오나 Is She Coming?〉 – 이찬주, 『우리춤의 현장과 주변』, 2016.
- 너를 만나고 나를 만나다 ,류명옥 · 한은경 〈늦은 가을〉 – 이찬주, 『우리춤의 현장과 주변』, 2016.
- 개별적인 표현력의 발견, 메타댄스프로젝트 〈잃어버린 시간을 찾아서〉 – 이찬주, 《대전예술》, 2016.
- 서울세계무용축제 'SIDance' – 이찬주, 『한국민족 대백과사전』 개정판, 2016.
- 김화숙, 사포무용단 〈광주항쟁삼부작(光州抗爭三部作)〉 – 이찬주, 『한국민족대백과사전』 개정판, 2016.
- 김판선, 군집 속의 혼재된 주파수 〈12MHz〉 – 이찬주, 『우리춤의 현장과 주변』, 2016.
- 올리비에 뒤부아의 인간이 표출하는 원초적 움직임, 올리비에 뒤부아(Dubois) 〈비

극〉 – 이찬주, 『우리춤의 현장과 주변』, 2016.

■ 2016년을 여는 국립무용단의 공연, 류장현 〈칼 위에서〉 – 이찬주, 《공연과 리뷰》, 2016.

■ 한국전통춤 위에 프랑스 감각을 더한 조세몽탈보 〈시간의 나이〉 – 이찬주, 『우리춤의 현장과 주변』, 2016.

■ 대구시립무용단 홍승엽 〈하프타임〉 & 김설진의 무버 〈눈 위에서〉 – 이찬주, 《공연과 리뷰》, 2016.

■ 2016 허성임 『세계를 누비는 춤예술가들』 – 이찬주, (20160921)

■ '얼라이브 2016 천안' 대구시립무용단 홍승엽 〈벽오금학〉– 이찬주, 《공연과 리뷰》, 2016.

■ 볼레로의 새로운 변주 곽영은 〈Composition–구성〉 – 이찬주, 《대전예술》, 2016.

■ 2016 오영훈 『세계를 누비는 춤예술가들』 – 이찬주, (20161008)

■ 몸의 자유를 구가하려는 정신의 춤, 이연수 〈모먼트(MOMENT)〉 – 이찬주, 《공연과 리뷰》, 2016.

■ 앙줄랭 프렐조카주 〈백설공주〉 – 이찬주, 『우리춤의 현장과 주변』, 2016.

■ 2016 김영순 《춤과 사람들》 12월호 – 이찬주, (20161022)

■ 2016 지역인들의 축제, 이지희 〈기억의 숲에는 메아리가 없다〉 – 이찬주, 《춤과 사람들》, 2016.

■ 자유로운 표현감각 한 송이 〈Do you trust me?〉 – 이찬주, 『우리춤의 현장과 주변』, 2016.

■ 갈라파고스 위에 희망의 축제 세종국제무용제, 전미숙 〈Nobody talk to me(아무도 나에게 말하지 않는다)〉 고동훈, 장회원– 이찬주, 『공연과 리뷰』, 2016.

■ 춤에 감성언어를 불어넣다, 피나바우쉬 〈스위트맘보〉 – 이찬주, 《공연과 리뷰》, 2017.

■ 새로운 춤의 풍경들, 멕시코의 라 세르비엔테(La Serpiente) 무용단 - 이찬주, 《대전예술》, 2017.

■ 새로운 접목을 시도하다, 안성수 〈혼합〉 국립현대무용단 - 이찬주, 《공연과 리뷰》 2017.

■ 2017 정재혁(정현진) 『세계를 누비는 춤예술가들』 - 이찬주, (20170414)

■ 방어와 소통이 공존하는 세계, C2 Dance(씨투댄스) 김정훈 〈The Room: 공간의 변주〉 - 이찬주, 『공연과 리뷰』, 2017.

■ 2017 차진엽 『세계를 누비는 춤예술가들』 - 이찬주, (20170417)

■ 2017 현대적 감각이 더해진 충북무용제, 이지희 〈Moon Light〉 - 이찬주, 『춤, 사람 그 생동하는 기록』, 2022.

■ 유희적 춤과의 조우, 류장현과 친구들 〈갓 잡아 올린 춤〉 - 이찬주, 『대전예술』, 2017.

■ 젊은 안무가의 새로운 시선 국립현대무용단 〈픽업스테이지〉, 권령은 〈글로리〉 - 이찬주, 《공연과 리뷰》, 2017.

■ 춤의 숨결을 느끼다, 류석훈 〈Sequence〉 - 이찬주, 《몸》, 2017

■ 2017 김성한 『세계를 누비는 춤예술가들』 - 이찬주, (20170602)

■ 핀란드신화와 한국적 정체성의 만남, 안성수 〈투오넬라 백조〉 국립현대무용단 - 이찬주, 《공연과 리뷰》, 2017.

■ 2017 김설진 『세계를 누비는 춤예술가들』 - 이찬주, (20170605)

■ 한국춤이 녹아든 〈혼돈〉 '최상철무용단' - 이찬주, 《공연과 리뷰》, 2017.

■ 2017 김성훈 『세계를 누비는 춤예술가들』 - 이찬주, (20170922)

■ 안느 테레사 〈바이올린 페이즈〉의 기억 - 이찬주, 《몸》, 2018.

■ 오브제를 통해 말을 걸다, 김윤정(YJK dance Project) 〈Inter-View〉 - 이찬주,

《몸》, 2018.

- 춤계의 새로운 물결, MoMA의 여정 '저드슨 춤단체' – 이찬주, 《충청투데이》, 2019.
- 해외에서 활동하는 여성 안무가 허성임 〈넛크러셔〉 – 이찬주, 《몸》, 2019.
- 젊은 무용가들의 국제무대진출을 위한 토론의 장(場), 21세기현대무용연구회 – 이찬주, 《대전예술》, 2019.
- 신체성을 강조한 컨템포러리 작품, J. 바르디몽 〈피노키오〉 야스민 바르디몽 컴퍼니 – 이찬주, 《공연과 리뷰》, 2019.
- 자연에 울리는 춤과 낙엽의 이중주, 남정호 〈죽음을 기억하라〉 – 이찬주, 《대전예술》, 2019.
- 다양한 변화를 추구하는 방지선의 춤 〈거기까지〉 – 이찬주, 《몸》, 2020.
- 코로나 속에 피어난 춤의 향기 – 이찬주, 《로컬투데이》, 2020.
- 어두운 역사의 장을 펼치다, 박명숙, 서울댄스씨어터 〈유랑〉 – 이찬주, 《공연과 리뷰》, 2021.
- 디지털 기술과 춤 이정연프로젝트 〈루시드드림 Ⅱ〉 – 이찬주, 《공연과 리뷰》, 2021.
- 정거장을 배회하는 현대인, 곽영은 〈Off Station Ⅱ〉 – 이찬주, 《몸》, 2021
- 명작 · 명무를 잇다, 류석훈 · 이윤경 〈로드(The Road)〉 – 이찬주, 『춤, 사람 그 생동하는 기록』, 2022.
- 따로 또 같이 가을을 춤에 담다, 이옥란 〈여자의 가을〉 – 이찬주, 『춤, 사람 그 생동하는 기록』, 2022.
- 춤추는 여인들의 춤공연, 장은정 외 2 〈당신은 지금 바비레따에 살고 있군요〉 – 이찬주, 《공연과 리뷰》, 『춤, 사람 그 생동하는 기록』, 2022.
- 바람 속에 피어나는 윤현정 〈바람(wish)의 춤〉 – 이찬주, 『춤, 사람 그 생동하는

기록』, 2022.

- 차세대 안무가 플랫폼 '뉴댄스페스티벌' 유아름 〈Who/Whom〉 – 이찬주, 《대전예술》, 2022.
- 3인 안무가의 잘 빚어진 상상의 표상화, 정석순 · 박관정 · 이동하 – 이찬주, 《대전예술》, 2022.
- 중견 남성안무가 김경신, 정석순 '2023 서울국제안무페스티벌' – 이찬주, 《몸》, 2024
- 모던하게 자맥질하는 백조의 후예들, 차진엽 〈백조의 잠수〉 – 이찬주, 《몸》, 2024.
- 제45회 서울무용제 남정호 〈202411 대학로〉 – 이찬주, 《몸》, 2024.

해외 진출 현대무용가

(2023 SCF 참조)

1991	안애순	제3회 프랑스 바뇰레 국제 안무대회 예선 대회 / 안무작 〈씻김〉
1992	안애순	제3회 프랑스 바뇰레 국제 안무대회 예선 대회 / 안무작 〈씻김〉
1994	김원	제4회 프랑스 바뇰레 국제 안무대회 예선 대회 / 안무작 〈님의 침묵〉
	안애순	제4회 프랑스 바뇰레 국제 안무대회 예선 대회 / 안무작 〈여백〉
	한국 컨템포러리 무용단	ADAMI상(최고 무용수상) 수상
		수상자: 이윤경, 최혜정, 김양선, 변옥연, 장은정, 박소정, 정정아, 정광국
1996	이윤경	제5회 프랑스 바뇰레 국제 안무대회 그랑프리 수상 / 안무작 〈기우는 달〉
	안정준	독일 함부르그 무용 페스티벌 초청 / 안무작 〈달집〉
1997	장애숙	이스라엘 수잔델라 댄스 페스티벌 초청 / 안무작 〈침묵들〉
1998	최두혁	일본 아오야마 극장 East Dragon Festival 초청 / 안무작 〈다시 비워지는 공간〉
	안애순	제6회 프랑스 바뇰레 국제 안무대회 그랑프리 수상 / 안무작 〈열한 번째 그림자〉
2001	이윤경	일본 요코하마 댄스 컬렉션 초청 / 안무작 〈기우는 달〉
	이경은	제4회 한국안무가 경헌 페스티벌 "금상" 수상 / 안무작 〈모모와 함께–동행〉
2002	이경은	프랑스 "Montpellier Danse02" 안무 연수
	이경은	일돈 도쿄 댄스비엔날레 초청 / 안무작 〈눈, 눈물, 눈을 감춘다〉
	이경은	일본 오사카 Dance at the gathering 초청 / 안무작 〈눈, 눈물, 눈을 감춘다〉
	이경은	일본 요코하마 댄스 컬렉션 초청 / 안무작 〈열한 번째 그림자〉
2004	장은정	일본 도쿄 댄스비엔날레 초청 / 안무작 〈고려되지 않은…〉

2005	장은정	한 · 일 우정의해 아오야마 극장 현대무용뮤지엄 초청 / 안무작 〈Red〉
	안애순	한 · 일 우정의해 아오야마 극장 현대무용뮤지엄 초청 / 안무작 〈On Time〉
	김영진	한 · 일 우정의해 아오야마 극장 현대무용뮤지엄 초청 / 안무작 〈Excahge〉
	김성한	한 · 일 우정의해 아오야마 극장 현대무용뮤지엄 초청 / 안무작 〈결정적 순강〉
	김 원	한 · 일 우정의해 아오야마 극장 현대무용뮤지엄 초청 / 안무작 〈Being Involed〉
	류석훈	한 · 일 우정의해 아오야마 극장 현대무용뮤지엄 초청 / 안무작 〈모서리〉
	김윤정	한 · 일 우정의해 아오야마 극장 현대무용뮤지엄 초청 / 안무작 〈이별그림〉
	정명지	한 · 일 우정의해 아오야마 극장 현대무용뮤지엄 초청 / 안무작 〈Fashion〉(오렌지&티슈 中에서)
2006	이영찬 – 박종현	프랑스문화원 후원상 수상 (프랑스 바뇰레 페스티벌 참관)
	이경은	일본 도쿄 아오야마 극장 East Dragon Festival 초청 / 안무작 〈사이〉
	장은정– 류석훈	일본 아오야마 극장 Dance Noel 초청 / 안무작 〈Q&A〉
2009	김재덕	일본 아오야마 극장 Dance Triennale Tokyo 2009 초청 / 안무작 〈머리먹기〉
	류석훈	이스라엘 Tel–Aviv Dance Festinal 2009 초청 / 안무작 〈불편한 자세〉
	이인수	이스라엘 Tel–Aviv Dance Festinal 2009 초청 / 안무작 〈현대식 감정〉
	허영미	이스라엘 Tel–Aviv Dance Festinal 2009 초청 / 안무작 〈진화〉
2010	유호식	일본 FUKUOKA DANCE FRINGE FESTIVAL 2010 초청 / 안무작 〈무거운 순환〉
	김정은	핀란드 Pori Dance Company Summer Festival 2010 초청 / 안무작 〈요란한 침묵〉

	신창호	이스라엘 Tel-Aviv Dance Festinal 2010 초청 / 안무작 〈No Comment〉
2011	Emily Tanaka	Emily Tanaka : 프랑스 바뇰레 국제 안무대회 초청 / 안무작 〈Cube〉
	김남진	일본 FUKUOKA DANCE FRINGE FESTIVAL 2011 초청 / 안무작 〈Passivity (수동)〉
	전혁진	핀란드 Pori Dance Company Summer Festival 2011 초청 / 안무작 〈New World(신세계)〉
2012	이현범- 최진주	프랑스 아비뇽 페스티벌 2012 초청 /안무작 〈Pause Philo (쉼의 철학)〉
	조슈아 L.포우	후쿠오카 프린지 페스티벌 초청 / 안무작 〈예측불허의 인물들〉
	최진한	일본 아오야마 극장 스파이랄 극장 초청 / 안무작 〈나는 네가 행복했으면 해〉
	최진한	핀란드 Pori Dance Company Summer Festival 2012 초청 / 안무작 〈나는 네가 행복했으면 해〉
	류석훈	핀란드 Pori Dance Company Summer Festival 2012 초청 / 안무작 〈나는 여기 있다〉
2013	김보라	핀란드 Pori Dance Company Summer Festival 2013 초청 / 안무작 〈혼잣말〉
	김보라	일본 FUKUOKA DANCE FRINGE FESTIVAL 2013 초청 / 안무작 〈혼잣말〉
	전혁진	불가리아 Sofia Dance Week Festival 2013 초청 / 안무작 〈동행〉
2014	안수영	불가리아 Sofia Dance Week Festival 2014 초청 / 안무작 〈백조의 호수〉
	안수영	프랑스 Les Hivernales Avignon 2014 초청 / 안무작 〈백조의 호수〉
	김보라	프랑스 바뇰레 국제 안무대회 2014 초청 / 안무작 〈혼잣말〉
	노정식	리투아니아 'AURA' Dance Festival 2014 초청 / 안무작 〈Magical Eye〉
	조양희	PDC Dance Festival 2014 초청 / 안무작 〈중얼거리는 사막 II〉

	이화석	PDC Dance Festival 2014 초청 / 안무작 〈One hundred and eight〉
	송송희	PDC Dance Festival 2014 초청 / 안무작 〈IN N OUT〉
	지진호	일본 FUKUOKA DANCE FRINGE FESTIVAL 2014 초청 / 안무작 〈인간의 왕국〉
	정유라	리투아니아 'AURA' Dance Festival 2014 초청 / 안무작 / 〈Please keep her secret〉
	김호연	불가리아 One Dance Week Festival 2014 초청 / 안무작 〈6〉
	이지희	불가리아 One Dance Week Festival 2014 초청 / 안무작 〈Blind〉
2015	조양희	이스라엘 Tel-Aviv Dance Festinal The Suzanne Dellal Centre 2015 초청 / 안무작 〈중얼거리는 사막〉
	박근태	중국 Shanghai Dance Festival 2015 초청 / 안무작 〈Man's Diary〉
	김동욱	중국 Shanghai Dance Festival 2015 초청 / 안무작 〈Pattern_Body〉
	금배섭	중국 Shanghai Dance Festival 2015 초청 / 안무작 〈미친놈 널뛰기〉
	허영미	중국 Shanghai Dance Festival 2015 초청 / 안무작 〈신곡(身哭)〉
	김광민	리투아니아 'AURA' Dance Festival 초청 / 안무작 〈Interaction〉
	이선태	리투아니아 'AURA' Dance Festival 초청 / 안무작 〈나무〉
	박근태	리투아니아 'AURA' Dance Festival 초청 / 안무작 〈Man's Diary〉
	박상미	일본 Session House 2015 초청 / 안무작 〈In My Room〉
	김동욱	Residence, Choreographic Development Centre – Les Hivernales, Avignon 초청 / 안무작 〈Pttern_Body〉
	임우빈	일본 Nigata City 'Noism' 무용수로 초청 (1년간)
2016	임진호-이경구-지경민	One Dance Week (Bulgaria) / 안무작 〈낯가림 (Shyness)〉
	정혜민	Tance Praha (Cazch) / 안무작 〈Act%〉
	김요셉	Rencontres Choregraphiques Internationals de Seine – Saint – Denis(France) / 안무작 〈곰뱅이 텃다(Gom-bang-yi-teot-da)〉

	김보라	Rencontres Choregraphiques Internationals de Seine –Saint–Denis(France) / 특별초청자
	박상미	Rencontres Choregraphiques Internationals de Seine –Saint–Denis(France) / 특별초청자
	이경은	Rencontres Choregraphiques Internationals de Seine –Saint–Denis(France) / 특별초청자
	최정식	Fukuoka Fringe Dance Fstival (Japan) / 안무작 〈나무가시(PrICKLE)〉
	김요셉	AURA 26 International Dance Festival (Lithuania) / 안무작 〈곰뱅이 텃다(Gom–bang–yi–teot–da)〉
	이정인	AURA 26 International Dance Festival (Lithuania) / 안무작 〈Skins〉
	지경민	AURA 26 International Dance Festival (Lithuania) / 안무작 〈낯가림(Shyness)〉
	이정인	Session House (Japan) / 안무작 〈Skins〉
	정철인	PDC Dance Month Festival (Finland)
	이주미	PDC Dance Month Festival (Finland)
	양지연	PDC Dance Month Festival (Finland)
	전우상	University lf the Arts, Philadephia (U.S.A)
2017	홍호림	University lf the Arts, Philadephia (U.S.A)
	전우상	Bratislava in Movement (Slovakia)
	이가영 · 안겸	Bratislava in Movement (Slovakia)
	Ruri Mito	One Dance Week (Bularia/Provdiv.)
	이병진	One Dance Week (Bularia/Provdiv.)
	최진한	Fukuoka Fringe Dance Festival (Japan)
	변재범	Odoru Akita Festival (Japan)
	정철인	Tokyo Session House (Japan)
	박상미	Suzanne Dellal Center for Dance & Theater (Israel)

	이가영 · 안겸	Suzanne Dellal Center for Dance & Theater (Israel)
	길서영	일본 FUKUOKA DANCE FRINGE FESTIVAL 2015 초청 / 안무작 〈Deformation〉
	류석훈	핀란드 Pori Dance Company Summer Festival / 안무작 〈굿-조용현 비명〉
	이선태	핀란드 Pori Dance Company Summer Festival / 안무작 〈나무〉
	손혜정	프랑스 Rencontres Choreographiq Intermational de Seine-Saint-Denis 2015 초청 / 안무작 〈궁지-Dilemma〉
	손혜정	이탈리아 Florence Fabblica Europa 2015 초청 / 안무작 〈궁지-Dilemma〉
	길서영	불가리아 One Dance Week Festival / 안무작 〈Deformation〉
	김광민	중국 Shanghai Dance Festival 2015 초청 / 안무작 〈Interaction〉
	박은주	중국 Shanghai Dance Festival 2015 초청 / 안무작 〈붉은 독백〉
	정유정	중국 Shanghai Dance Festival 2015 초청 / 안무작 〈감각을 통한 감각〉
	김규진	Suzanne Dellal Center for Dance & Theater (Israel)
	양지연	Rencontres Choregraphiques Internationals de Seine-Saint-Denis (France)
	Ruri Mito	Rencontres Choregraphiques Internationals de Seine-Saint-Denis (France)
2018	김동규	Dance Month Festival (Finland)
	김진아	Dance Month Festival (Finland)
	류석훈	Suzanne Dellal Center (Israel)
	정재우	Suzanne Dellal Center (Israel)
	김진아	Suzanne Dellal Center (Israel)
	김동규	Suzanne Dellal Center (Israel)
	김진아	Centre De Developpement Choreofraphique Les Hivernals (France)

	손채원	Centre De Developpement Choreofraphique Les Hivernals (France)
	이인수	One Dance Week (Bulfaria–Plovdiv)
	강소희	One Dance Week (Bulfaria–Plovdiv)
	정록이	Fukuoka Fringe Festival (Japan)
	정재우	92Y Harkness Dance Center (USA)
	이지희	92Y Harkness Dance Center (USA)
	최재희	92Y Harkness Dance Center (USA)
	이지희	Akita Odoru (Japan)
	김동규	Modern Dance Theatre of Istanbul State Opera & Ballet (Turkey)
	이인수	Modern Dance Theatre of Istanbul State Opera & Ballet (Turkey)
	정재우	Mono Tance Festival (Hungary)
	이인수	Mono Tance Festival (Hungary)
	정재우	West Kowloon Cultural District (Hong Kong)
	백주미	Atom Choreography Series Showcase (Bularia–Sofia)
	이연주	Atom Choreography Series Showcase (Bularia–Sofia)
	노정우	Atom Choreography Series Showcase (Bularia–Sofia)
2019	김호연–임정하	Tenzhafen Festival (Austria)
	이세준	Tenzhafen Festival (Austria)
	이보경	Water Festival for Contenporary Ars (Bulfaria)
	오재원	Tel–Aviv Dance (Suzanne Dellal Center for Dacne and Theatre) (Israel)
	윤나라	Tel–Aviv Dance (Suzanne Dellal Center for Dacne and Theatre) (Israel)
	이세준	Tel–Aviv Dance (Suzanne Dellal Center for Dacne and Theatre) (Israel)

	이보경	Fukuoka Dance Fringe Festival (Japan)
	최명현	Fukuoka Dance Fringe Festival (Japan)
	이세준	ODORU–AKITA Interantional Dacne Festival (japan)
	오재원	SAI Dance Festival (Japan)
	최명현	SAI Dance Festival (Japan)
	오재원	Modern Dance Theatre Istanbul (Turkey)
	윤나라	Modern Dance Theatre Istanbul (Turkey)
	이보경	92Y Harkness Dance Center Dig Dance (USA)
2020	안선희	1000 Crances Festival (Estonia)
	이지희	1000 Crances Festival (Estonia)
	김진아	JOY OF DANCE (Finland)
	강혁	Pori Dance Company Triple Bill – series 2020 (Finland)
	김서윤	Veszprem Dance Festival (Hungary)
	이지희	ODORU–AKITA International Dance Festival (Japan)
	이병진	SAI Dance Festival (Japan)
	김선영	OPEN LOOK, Interantional Dance Festival (Russia)
	안선희	OPEN LOOK, Interantional Dance Festival (Russia)
	Hung-Chung LAI	OPEN LOOK, Interantional Dance Festival (Russia)
	김혜지	Font@ Festival (Slovenia)
	안선희	Font@ Festival (Slovenia)
	Lin Ting-Syu	Font@ Festival (Slovenia)
	박상준	Font@ Festival (Slovenia)
	최호정	Font@ Festival (Slovenia)

	안선희	American Dance Festival (USA)
2021	최시원	1000 Cranes Festival (Estonia)
	문은아	1000 Cranes Festival (Estonia)
	최재혁	JOY OF DANCE (Finland)
	김예림	SAI Dance Festival (Japan)
	최재혁	OPEN LOOK, Interantional Dance Festival (Russia)
	김유연	OPEN LOOK, Interantional Dance Festival (Russia)
	문은아	Font@ Festival (Slovenia)
2022	권재헌	JOY OF DANCE (Finland)
	김민우	JOY OF DANCE (Finland)
	Dagmar Dachauer	Water Festival for Contenporary Ars (Bulfaria)
	이보경	Fullmoon Festival (Finland)
	이세준	Dance Month Festival, Pori Theater (Finland)
	이지희	Dance Month Festival, Pori Theater (Finland)
	이세준	A Tanc Fesztivalja (Veszprem) (Hungary)
	김호연-임정하	Pro Progressione (Hungary)
	구은혜	S.O.U.M Festival (France)
2023	박수열	TANSSIN LUMOA Interantional Gala (Finland)
	하지혜	The Bang group pergormance series (USA)
	김예림	The Bang group pergormance series (USA)
	양승관	The Bang group pergormance series (USA)
	Hung-Chung LAI	Font@ Festival (Slovenia)

	박수열	Font@ Festival (Slovenia)
	정하늘	Font@ Festival (Slovenia)
	김원열	Font@ Festival (Slovenia)
	박수열	1000 Cranes Festival (Estonia)
	정하늘	1000 Cranes Festival (Estonia)
	하지혜	SAI Dance Festival (Japan)
	하지혜	Sissi Oszi Tanchet Festival (Hungary)
	하지혜	Festival Interantional de Dacne S.O.U.M (France)

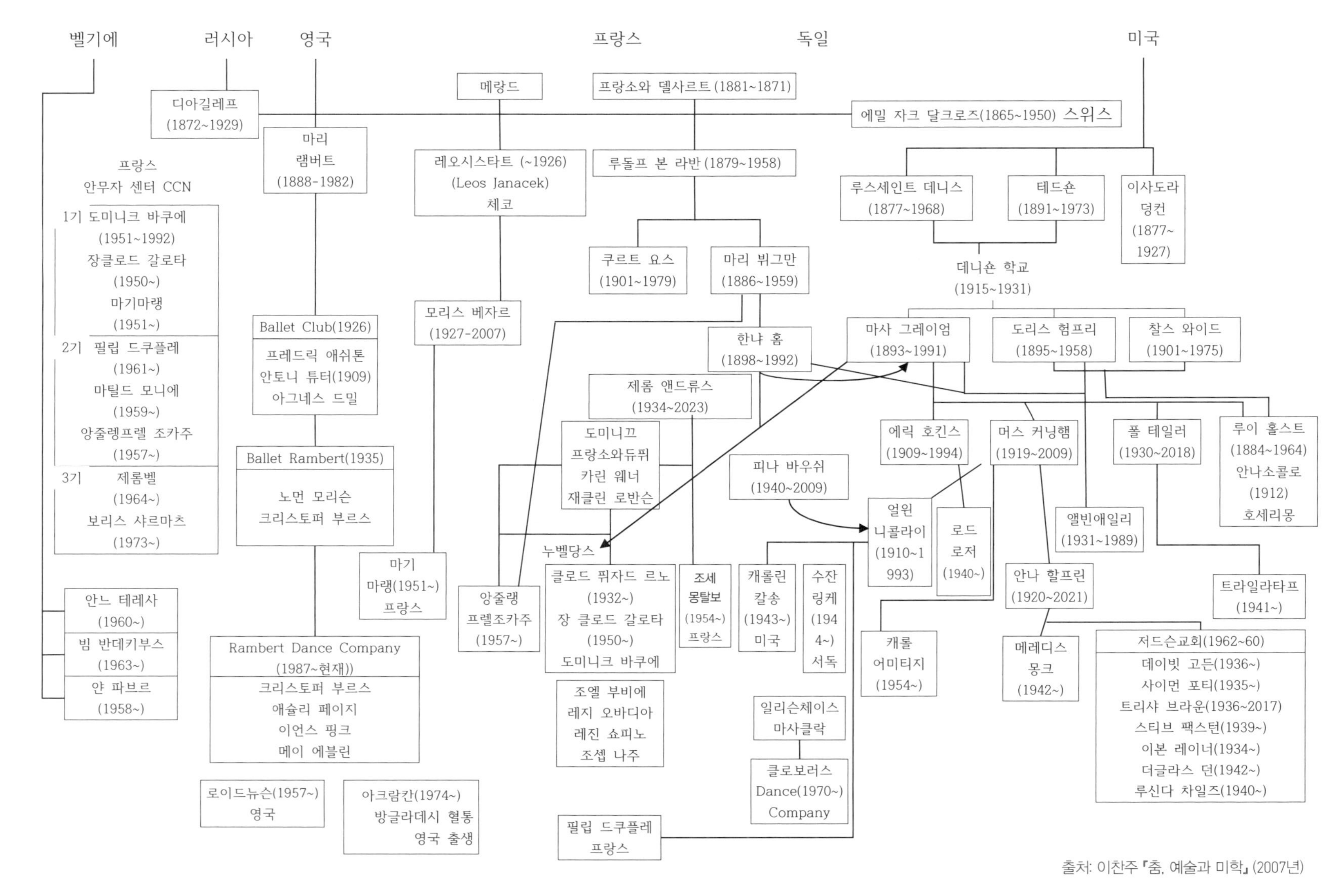

출처: 이찬주 『춤, 예술과 미학』 (2007년)